小説家、なるは易し続けるは難し。

中山七里

"소설가, 되는 건 쉽다 계속하기가 어렵다."
— 나카야마 시치리

합리적인 미스터리를 쓰는 법

CHOGORITEKI ! MYSTERY NO KAKIKATA
Copyright © 2024 NAKAYAMA SHICHIRI
All rights reserved.
Original Japanese edition published in 2024 by GENTOSHA INC.
Korean translation rights arranged with GENTOSHA INC., Tokyo
through Eric Yang Agency Co., Seoul.
Korean translation rights ©2025 by RH Korea Co., Ltd.

이 책의 한국어판 저작권은 저작권자와의 독점 계약으로 ㈜알에이치코리아에 있습니다.
저작권법에 의해 한국 내에서 보호를 받는 저작물이므로, 무단 전재 및 무단 복제를 금합니다.

합리적인 미스터리를 쓰는 법

반전의 제왕
나카야마 시치리

나카야마 시치리 지음
민경욱 옮김

알에이치코리아

들어가며
미스터리의 현재 지점

 미스터리 소설이란 무엇일까? 만약 제가 누군가로부터 이 질문을 받는다면 미스터리란 일단 작품에 '수수께끼의 해명'이 있어야 한다고 답할 겁니다. 미스터리의 수수께끼는 범인이 누구인지, 동기는 무엇인지, 그 범죄가 성립하려면 필요한 트릭은 무엇인지까지 다양합니다. 물론 그중에서 가장 큰 수수께끼는 단연 '인간의 마음'이지 않을까 생각합니다. 모든 문학은 인간이란 무엇이며 어디서 와서 어디로 가는지를 알아내는 것을 최대 명제로 삼습니다. 그 명제를 푸는 하나의 길이 바로 미스터리입니다. 저는 미스터리라는 형식을 이용해서 인간의 마음에 얼마나 다가갈지 탐색하는 일을 하고 있습니다.
 '수수께끼의 해명'을 정의할 때 '매력적인 수수께끼의 합리적인 해결'이라고 하면 이는 본격 미스터리를 가리킵니다. 이제 미스터리는 수많은 장르로 퍼져 수수께끼를 해명하지 않고 끝나는 미스터리까지 등장했을 정도입니다. 오늘날, 미스터리는 전기傳奇 소설, 환상 소설, 범죄 소설, 가족 소설 등 다양한 장르에 도입되고 있습니다. 이 같은 현상을 보면 1980년대 SF가 지나치게 확산했을 때가 떠오릅니다. 당시 SF는 장르 문학의 하나로 널리 읽히기 시작했는데 얼마 후 SF적 사고방식이라는 뜻으로 변용되어 온갖 장르로 확산한 끝에 오히려 SF라는 장르 자체가 희박해진 채 사그라들었습니다.

최근에는 순문학에서조차 미스터리를 쓴 소설이 나타나고 있습니다. SF처럼 퍼지다가 이대로 희미해지고 마는 게 아닐까 하는 생각이 들기도 합니다. 그러나 미스터리 장르는 과거부터 그 중심에 본격 미스터리 작품들이 든든하게 자리를 잡고 있습니다. 개인적 견해로는 그 주변에 기묘한 맛의 작품과 범죄 소설, 피카레스크* 소설, 교양 소설 같은 다양한 장르로 나뉘어 확대해왔다고 봅니다. 확산이라기보다 확대죠. 한 인터뷰에서 히가시노 게이고가 "미스터리의 시야를 넓힌다"라고 표현한 바 있는데 지금이 바로 그 상태 아닐까요.

확대라고 해서 아무렇게나 써도 미스터리가 된다는 뜻은 아닙니다. 독자에게 즐거움을 주려면 어떤 연구를 하고, 프로 작

* 주인공을 비롯한 등장인물이 도덕적 결함을 갖춘 악인으로 설정된 이야기 – 편집자

가로 살아남으려면 어떤 마음가짐을 지녀야 할지 제 실제 경험과 실감을 토대로 말하겠습니다. 앞으로 미스터리를 쓰려는 사람, 막 쓰기 시작한 사람, 프로를 목표로 하는 사람들에게 조금이나마 도움이 되면 좋겠습니다.

— 나카야마 시치리

차례

들어가며　미스터리의 현재 지점　4

제1장　미스터리란 무엇인가

- 꼭 읽어야 할 미스터리 고전 10편　14
- 미스터리는 작은 단서들이 뒷받침한다　16
- 언페어 경계선에서는 멀어져라　18
- 미싱 링크　20
- 목 없는 사체는 하나의 장르다　21
- 매력적인 탐정의 존재　22
- 하우던잇은 어렵다　24
- 트릭은 목적이 아니라 도구다　26
- 최소한의 규칙　27
- 반전은 낙차에서 생긴다　29
- 사회파 미스터리　31
- 다른 사람이 가지 않은 길　32
- 사회파 미스터리를 쓸 때의 요령　35
- 최대공약수를 찾아라　37
- 미스터리 소설만의 매력　39

제2장 나카야마 시치리의 미스터리 작법

- 플롯 작성법 42
- 주제, 줄거리, 캐릭터, 트릭 43
- 연역법을 따르는 줄거리 44
- 트릭보다 정보를 공개하는 순서 46
- 떠오르는 문장을 모두 적어라 48
- 퇴고는 플롯 단계에서 마쳐라 49
- 주제와 줄거리 성립에 적절한 길이 51
- 기승전결로 나눈다 53
- 이야기의 패턴은 26가지밖에 없다 55
- 모방과 오마주의 차이 57
- 기초적 작가와 작품을 알아두면 편하다 58
- 좋은 아이디어와 나쁜 아이디어 60
- 인풋의 양이 중요하다 61
- 취재를 반드시 해야 할까 63
- 지도에 모든 정보가 담겨 있다 65
- 수수께끼는 어떻게 생기는가 67
- 결국 처음의 아이디어로 돌아간다 69
- 편집자와의 대화 90퍼센트는 잡담 71
- 출판사의 집필 의뢰 74
- 타깃 독자 vs 대중 76
- 독자의 손톱자국을 남기고 싶다 77
- 낡은 가치관과 새로운 가치관 사이에서 79
- 상식인의 사고방식 83

제3장 미스터리를 더 재미있게 만드는 법

- 초반에 독자의 마음을 사로잡아라   86
- 감정 이입하기 쉬운 캐릭터를 만드는 법   88
- 홈스와 왓슨 역할의 필요성   91
- 등장인물의 작명법   93
- 장편 소설의 최소 필요조건   95
- 서장과 프롤로그의 의미   97
- 장편의 주요 등장인물은 세계를 변화시킨다   99
- 복선이나 단서를 만드는 법   101
- 한심한 반전을 피하는 법   104
- 후던잇보다 와이던잇   106
- 문장에 긴장감을 주는 법   108
- 나카야마 시치리의 문장 특징   113
- 문장 부호의 적절한 활용법   115
- 한자 음독 달기와 통일 문제   117
- 한 줄 띄우기를 이용하는 법   119
- 일인칭과 삼인칭을 정하는 문제   120
- 설명보다 묘사   124
- 리얼리티를 위한 연구   126
- 대화문에서 주의할 점   128
- 액션 장면의 묘사   131
- 폭력 묘사에서 조심할 점   133
- 연주 장면의 주요점   135
- 효과적인 비유의 사용 방법   137

- 시대 배경을 구분할 때 가장 중요한 점   138
- 하루에 원고지 25장을 쓴다   140
- 집필 환경   144
- 팔리는 제목과 팔리지 않는 제목   145
- 디자인·띠지·개요는 편집자에게 맡긴다   149
- 캐릭터 조형의 핵심   150
- 작품 캐릭터 조형의 예   152
- 캐릭터 연결에 대해   157
- 미발간 작품에 대해   161
- 시리즈화에 대해   162
- 독창성은 얼마나 필요한가   165
- 독자적인 문체를 찾는 법   167
- 다른 작가의 글을 참고해야 할까   169
- 문장 필사는 도움이 될까   170
- 타인의 평가에 대해   172
- 상업 출판과 자비 출판   174
- 인정 욕구와 이야기에 대한 애정   177

제4장 미스터리와 생활

- 왜 미스터리 작가가 되었나 — 182
- 작가도 사회 경험을 쌓아야 할까 — 186
- 신인상의 경향과 대책 — 189
- 전업 작가가 될 때 — 191
- 작품을 쓰지 않으면 업계에서 사라지는 시대 — 193
- 데뷔했다면 쓰고, 쓰고, 써대라 — 195
- 원고 집필 중 졸음 방지 대책 — 198
- 건강 유지의 비결 — 199
- 영화 감상과 독서는 취미라기보다 식사 — 203
- 아이디어가 막히면 상관없는 영화를 본다 — 205
- 단서 하나를 펼친다 — 207
- 영상화를 대하는 방법 — 209
- 곤란한 의뢰 — 210
- 단행본과 문고판 — 211
- 편집자와 교류하는 방법 — 213
- 작가끼리의 교류 — 216
- 작가의 SNS에 대해 — 218
- 희로애락은 없다, 희희낙락밖에 없다 — 222
- 화내는 건 손해다 — 224
- 서점은 작가의 성적표 — 226
- 내 마음 속 데즈카 오사무 — 228
- 모든 것은 계속 쓰기 위한 활동 — 230

참고 문헌 — 233

제1장

미스터리란 무엇인가

꼭 읽어야 할
미스터리 고전 10편

　미스터리가 무엇인지를 더 구체적으로 이해할 수 있도록 고전의 반열에 오른 대표 미스터리 작품 10편을 알려드리겠습니다. 미스터리를 좋아하는 독자라면 모두 알 만한 작품입니다.

　　S.S. 밴 다인, 『그린 살인 사건』

　　애거사 크리스티, 『ABC 살인 사건』, 『삼나무 관』

　　엘러리 퀸, 『이집트 십자가 미스터리』, 『Y의 비극』

　　윌리엄 L. 데안드리아, 『호그 연쇄살인』

　　도로시 L. 세이어스, 『나인 테일러스』

　　요코미조 세이시, 『옥문도』

　　다카기 아키미쓰, 『문신 살인 사건』

　　시마다 소지, 『기발한 발상, 하늘을 움직이다』

대표 미스터리 10편은 제가 다양한 소설을 쓰는 데 피와 살이 되었습니다. 이른바 미스터리의 기본인 하우던잇(How done it, 어떻게 했나), 후던잇(Who done it, 누가 했나), 와이던잇(Why done it, 왜 했나)이 망라된 기본적인 작품이라 할 수 있습니다.

미스터리는 작은 단서들이 뒷받침한다

대표 미스터리 10편의 특징은 일단 아주 커다란 트릭이 중심에 있다는 겁니다. 스포일러가 될 우려가 있어서 내용을 구체적으로 말할 수 없으나 큰 트릭을 뒷받침하기 위해 곳곳에 작은 단서가 뿌려져 있습니다. 많은 작품이 작은 단서로 시선을 빼앗은 후 큰 트릭을 쓰는 방식을 활용합니다. 10편의 작품 중 대부분은 고전으로, '큰 트릭을 잘 활용하려면 작은 단서도 심어두는 게 좋다'라는 선배들의 조언을 담고 있습니다. 현대 미스터리 창작에서도 충분히 통할 원칙입니다.

너무 추상적이면 이해하기 어려우므로 가장 사람들의 입에 자주 오르내리는 『Y의 비극』을 예로 들어 설명하겠습니다. 작품의 내용을 간단히 설명하자면 뉴욕에서 대부호 요크 해터의 시체가 발견되면서 사건이 시작됩니다. 그 후로도 해터 가문의 저택에서 기묘한 일들이 이어지자 전직 연극배우였던 탐정 드루리 레인이 조사에 착수합니다.

이 작품은 범인이 누구인지라는 큰 미스터리를 둘러싸고 왜 살인 흉기로 적합지 않은 만돌린이라는 악기가 사용되었나, 왜 바닐라 향이 났나 등의 작은 단서가 곳곳에 뿌려져 있습니다. 작은 단서들만으로는 좀처럼 범인에 도달할 수 없습니다. 그러나 모든 진실을 안 순간 모든 게 다 유기적으로 이어집니다.

언페어 경계선에서는 멀어져라

　엘러리 퀸과 애거사 크리스티는 같은 시대 작가여서 생각도 비슷했는지 둘 다 트릭으로서는 상당히 페어fair와 언페어unfair*의 아슬아슬한 경계선을 오갈 때가 많았습니다. 특히 크리스티는 '미스터리의 여왕'으로 불렸지만 대표작의 트릭은 모두 언페어 경계선에 있습니다. 『아크로이드 사건』이나 『오리엔트 특급 살인』이 대표적입니다. 그런데도 "미스터리의 여왕이 너무 언페어하다"라고 비판하지 않는 것은 작품 속에서 아슬아슬하게 언페어 경계선에 있는 큰 트릭을 정합성 있는 작은 단서들이 떠받치고 있기 때문입니다. 오래된 소설이기는 하나 그야말로 미스터리의 모범이죠. 다만 따라 하라는 소리는 절대 아닙니다.
　저도 예전부터 퀸이나 크리스티의 미스터리를 읽고 기억했

---

* 본격 미스터리의 정통 스타일을 지켰는지의 문제 - 옮긴이

던 터라 데뷔작 『안녕, 드뷔시』를 지금 다시 읽어보면 언페어 언저리를 헤맨 흔적이 보입니다. 어디까지나 데뷔작이므로 용인되는 일입니다. 이후 오랫동안 글을 쓰면서 아슬아슬한 경계선을 넘나드는 방법과는 거리를 두는 쪽을 고민하게 되었습니다. 아슬아슬한 경계선을 계속 걷다 보면 어느새 경계선을 훌쩍 넘어버리게 되니까요.

미싱
링크

『호그 연쇄살인』이나 『ABC 살인 사건』에서 일어나는 여러 사건은 서로 관련성을 찾을 수 없습니다. 이른바 미싱 링크 missing link로, 와이던잇의 변형이라고 할 수 있습니다. 미싱 링크 장르는 마지막 한 줄에서도 반전이 일어날 수 있습니다. 독자가 줄곧 동기라고 생각한 단서를 뒤집을 수 있습니다.『호그 연쇄살인』이 바로 미싱 링크의 전형입니다.

미싱 링크의 링크만 제대로 잡으면 모든 사건이 일사천리로 해결되는 전개를 연출할 수 있어 통쾌한 소설로 완성하기 쉽습니다. 더불어 관련된 범인의 동기를 통해 사회적 이야기로도 쉽게 이어져 매력적인 이야기를 만들 수 있습니다. 다만 사회 문제는 앞선 작품들이 이미 써버린 경우가 많아 다루기 어렵습니다.

목 없는 사체는
하나의 장르다

도로시 L. 세이어스의 『나인 테일러스』는 얼굴이 뭉개진 사체가 발견되면서 시작되는 이야기입니다. 앞서 소개한 대표 미스터리 10편 중에도 목 없는 사체가 나오는 작품이 있습니다. 개인적으로 목 없는 사체를 아주 좋아합니다. 목 없는 사체는 본격 미스터리의 소재로 삼기 좋습니다. 우선 누구의 시신인지 모른다는 점에서 퍼즐 같은 느낌을 줍니다. 작가의 능력에 따라 앞으로 어떤 이야기로 발전시킬지가 결정됩니다. '목 없는 사체'가 곧 하나의 장르라고 할 수 있을 정도입니다. 목 없는 사체를 소재로 무엇을 할 수 있는지가 작가의 시금석이 되므로 미스터리로 데뷔한 작가라면 한 번쯤 다루고 싶어 합니다.

매력적인 탐정의 존재

대표 미스터리 작품에는 모두 매력적인 탐정이 등장합니다. 저도 『안녕, 드뷔시』에서 음악가 탐정을 등장시켰습니다. 그 배경에는 「이 미스터리가 대단해!」 대상에 처음 응모했다가 떨어졌을 때 들은 "주인공 혹은 조연 캐릭터가 눈에 띄지 않는다"라는 평이 있습니다. 심사평이 있으면 편합니다. 다음에는 심사평에서 지적한 점을 개선하거나 따르면 되니까요.

첫 응모 이후 저도 주인공 캐릭터로 내세운 탐정에 매력 요소를 넣으려고 했고 의식적으로 두드러진 탐정 캐릭터가 등장하는 미스터리를 두 작품 써서 지원했습니다. 그렇게 『안녕, 드뷔시』가 대상을 탔고 다른 작품은 완전히 다른 형태로 데뷔해 『연쇄 살인마 개구리 남자』로 발간되었습니다. 두 작품을 쓰고서 사람들에게 받아들여지는 방식을 알게 되었습니다. 이후로는 출판사의 요청을 받을 때마다 가능한 한 매력적인 탐정을 만들고자 노력합니다.

같은 탐정이라도 뭐든 해내는 신과 같은 능력을 가진 사람이 있고 고민하고 실패하는 사람도 있습니다. 정답은 없습니다. 캐릭터들을 통해 이야기가 굴러가게 하는 게 중요하죠. 그래서 저는 소설 주제에 맞는 탐정을 만듭니다. 5년쯤 전부터는 "시리즈가 될 소설을 써주세요"라는 요청이 늘어서 어떤 캐릭터를 만들면 시리즈가 되기 쉬울지를 포함해 여러모로 깊이 생각합니다. 덕분에 지금은 제가 쓴 책 전부 시리즈가 되었습니다. 간단히 말해 탐정을 매력적으로 만들면 시리즈를 만들기도 쉽습니다.

하우던잇은 어렵다

제 작품은 결국 '인간의 마음은 무엇인가?'라는 수수께끼로 이어집니다. 아마 다른 사람이 쓴 미스터리 작품도 마찬가지일 겁니다. 같은 트릭이라도 후던잇과 와이던잇 구조의 미스터리 작품은 잘 써집니다. 하우던잇이 정말 어렵습니다. 이른바 물리 트릭인 하우던잇은 고안하기까지 아주 많은 시간과 노력이 듭니다. 하지만 실제로 작품에 넣어보면 들인 노력에 비해 효과적이지 않을 때가 많습니다. 솔직히 다른 작가의 작품을 읽어도 비슷한 느낌을 받을 때가 많아서 제 작품은 후던잇과 와이던잇 쪽으로 많이 기울어져 있습니다.

최근에는 네 번째 미스터리 구조라고 불리는 왓던잇What done it 구조도 등장했습니다. 무슨 일이 일어났는지를 추적하는 구조죠. 물론 미스터리 황금기에도 왓던잇 구조를 따르는 작품은 있었습니다. 도로시 L. 세이어스의 『나인 테일러스』가 대표적인 작품입니다. 이 책을 읽었을 때 정말 감탄했습니다. 우에

쿠사 진이치라는 평론가는 애거사 크리스티의 책을 너무 읽어 식상하게 느껴지면 『나인 테일러스』를 꺼낸다고 했습니다. 억양 없는 단조로운 묘사만 이어지나 싶다가도 문득 '이 사람, 이런 단조로운 묘사로 미스터리를 쓰는구나!'라는 생각이 들어 깜짝 놀란다고 말이죠. 저도 동감입니다. 살인 사건이 일어났는데 어떻게 이토록 담담하게 쓸 수 있는지 놀랄 뿐입니다. 그러나 다시 읽으면 곳곳에서 복선을 발견해 경악을 금치 못합니다. 제가 지금 써야 한다, 혹은 쓸 수 있겠다고 생각하는 미스터리의 원천은 여기에 있는 듯합니다. 눈은 높고 실력은 낮아 좀처럼 쓸 수 없지만 말입니다.

트릭은 목적이 아니라 도구다

물론 대표 미스터리 10편 이외에도 훌륭한 작품이 수없이 발표되었습니다. 세상의 빛을 본 미스터리 작품이 이렇게 많으니 아무리 멋진 트릭을 고안하더라도 이미 어떤 작가가 어디선가 썼을지 모릅니다. 그래도 트릭은 변주해 활용할 수 있습니다. 어떤 작품의 A 트릭과 또 다른 작품의 B 트릭을 연결해 새로운 C 트릭을 만들 수 있고, 작품 배경이나 주제, 작가성에 따라 같은 트릭이라도 전혀 다르게 보이니까요. 특히 현대는 다양한 사회 문제가 발생하므로 같은 트릭이라도 주제를 어떻게 요리하느냐에 따라 여러 종류의 소설을 만들 수 있습니다.

무엇보다 잊지 말아야 할 것은 우리는 트릭을 만들려고 소설을 쓰는 게 아니라는 점입니다. 트릭은 하나의 도구입니다. 도구를 만드는 일은 중요하나 목적은 아닙니다. 도구를 이용해 뭘 전달할지가 진짜 목적이지요. 그렇다면 도구는 낡든 새롭든 상관없겠죠. 최근 저도 다시금 마음을 고쳐먹었답니다.

최소한의
규칙

 미스터리 장르가 확대하고 있다고 해서 무엇을 어떻게든 써도 된다는 말은 아닙니다. 고전 미스터리를 좋아하는 사람이라면 녹스의 십계Knox's Ten Commandments*라는 말을 들어본 적 있을 겁니다. 영국 추리소설 작가 로널드 녹스Ronald Knox가 만든 미스터리를 쓸 때 유의해야 할 10가지 사항을 말합니다. 그도 반쯤은 농담 삼아 만들었다는 이야기가 있습니다. 워낙 오래전에 만들어진 규칙이라 '중국인을 등장시켜서는 안 된다'와 같은 명백히 차별적 내용도 포함돼 있으니 참고만 하시기 바랍니다.
 오늘날 작품에 넣으면 미스터리적 요소로 성립되지 않는 규칙도 있습니다. 규칙 위반이라고 할 정도는 아니지만 소설의 재미 면에서는 탈락이라는 거죠.
 제일 먼저 '범인 캐릭터를 이야기 마지막에 배치하지 않는

---

* 탐정 소설 십계Detective Story Decalogue라고도 부르는 미스터리 기본 규칙 - 편집자

다'라는 규칙이 있습니다. 마지막에 가서야 갑자기 의심스러운 인물이 등장해 범인임을 드러내면 독자들도 김이 새겠죠. 다음으로 '등장인물의 성격을 갑자기 바꾸지 않는다'라는 규칙입니다. 작품의 전개가 자연스럽게 진행되지 않은 채, 아무런 조짐도 없이 마지막에 등장인물 한 명이 갑자기 범인으로 돌변하는 일 또한 독자를 혼란스럽게 만듭니다.

독자들이 작가를 대단하다고 느끼도록 생각하게 만드는 작품에는 공통점이 있습니다. '복선이 상당히 앞에 깔려 있다'라는 점입니다. 범인을 가리키는 복선마저 작품의 초반에 배치돼 있을 때 독자들은 나중에야 깨닫고 놀라고 맙니다. 독자가 전혀 눈치를 채지 못하는 복선이야말로 반전입니다. 그런 복선의 배치가 없는 작품은 독자에게 형편없다는 소리를 듣기 마련이죠.

반전은 낙차에서
생긴다

　미스터리를 읽는 재미 가운데 하나는 놀라움을 맛본다는 것입니다. 독자에게 얼마나 큰 놀라움을 줄지는 낙차에 달려 있습니다. 낙차는 복선이 깔린 장소와 결말이 얼마나 떨어져 있는지, 독자의 착각과 진실 사이에 얼마나 차이가 있는지를 의미합니다. 차이가 크면 클수록 반전의 충격은 커집니다.

　저도 낙차의 중요성을 깨달은 이후로는 최대한 큰 낙차를 만들려고 노력합니다. '녹스의 십계'와는 별개로 '최대한 복선을 이야기 앞쪽에 배치하자'라는 사소하지만 현대적인 십계를 만들어도 재밌을 듯하네요. 다만 새로운 십계를 만들어도 어차피 규칙을 깨는 사람은 등장할 테고 십계를 깨도 재미있는 미스터리가 나오겠죠.

　무조건 낙차만 만들면 된다는 얘기는 아닙니다. 반전은 있는데 재미없는 소설은 대체로 플롯부터 잘못 설정되어서 그렇습니다. 미스터리와 일반 소설의 차이점은 플롯이 생명이라는 점입니다. 청춘 소설이나 연애 소설이라면 캐릭터에 자유롭게 맡겨도 됩니다. 그러나 미스터리 작품에서는 캐릭터가 폭주하면 아무것도 안 됩니다. 아마도 미스터리 작가라면 대부분 플롯 설정만으로 집필의 80퍼센트가 끝났다고 생각할 겁니다. 저의 경우는 플롯 단계에서 마지막 한 문장까지 정합니다.

사회파
미스터리

최근 정통 본격 미스터리뿐만 아니라 시야를 넓혀 사회파*도 포함하는 미스터리를 의식적으로 쓰고 있습니다. 대표 미스터리 10편 중 마지막에 소개한 시마다 소지의 『기발한 발상, 하늘을 움직이다』가 계기가 됐습니다. 시마다 소지의 작품은 본격 미스터리와 사회파 미스터리를 융합한 작품입니다.

이전에는 본격 미스터리와 사회파 미스터리를 물과 기름 같은 관계로 인식하는 팬들도 있었습니다. 개인적으로는 시마다 소지의 작품이 처음으로 둘을 융합하는 데 성공했다고 생각합니다. 제 작품에도 영향을 주었습니다. 예를 들어 사회파 미스터리 『보호받지 못한 사람들』은 처음에 읽을 때는 다소 파악하기 어려운 트릭을 썼습니다.

* 1960년대 일본에서 등장한 추리물 중 사회적 모순성을 소재로 다룬 하위 장르 — 편집자

다른 사람이
가지 않은 길

저는 다카라지마샤宝島社에서 데뷔했습니다. 그다음 제게 의뢰한 출판사는 의외로 분게이슌슈文藝春秋였습니다. 편집장, 부편집장과 만나 담소를 나눌 때였습니다. "우리는 미스 마플*을 좋아해요." 그말을 듣고 유사한 미스터리를 쓰면 되겠다고 생각했습니다. 크리스티의 미스 마플 시리즈는 사실 사회적 주제를 꽤 많이 다뤘습니다. 저는 미스 마플의 현대적 재해석을 시도하고자 『시즈카 할머니에게 맡겨 줘』라는 작품을 썼습니다. 지금은 퇴직한 일본의 스무 번째 여성 판사이자 할머니가 주인공으로, 손녀딸이 들고 오는 수수께끼를 푸는 안락의자 탐정이라는 설정입니다.

사회파 미스터리를 쓰기 시작한 이유는 또 있습니다. 제가 데뷔했을 때는 신新본격 운동**이 일단락되던 시기였습니다. 돌

---

* 애거사 크리스티가 탄생시킨 제인 마플이라는 탐정의 애칭 – 편집자

이켜보면 신본격 운동이라고 해봐야 3년 정도 유행했을 뿐입니다. 아직은 그 여운이 남아 있던 시절이었습니다. 신인상들도 본격 미스터리를 우선해 뽑는 경향이 있었습니다. 뒤집어 말하면 그만큼 사회파 미스터리가 없었다는 말입니다. 란포상 정도에만 사회파 분위기가 조금 남아 있었죠. 하지만 그것도 그리 분명하지 않았습니다. 2005년 란포상을 받은 야쿠마루 가쿠의 『천사의 나이프』는 사회파 미스터리로 신기원을 이룬 작품이나 문단 전체적으로는 본격 미스터리가 많았죠. 제가 데뷔한 2009년 역시 미스터리 쪽 신인은 본격 미스터리를 주로 썼습니다.

그때 문득 본격 미스터리를 써봤자 묻히겠다는 생각이 들었습니다. 본격 미스터리는 그만 쓰거나 본격 미스터리 스타일로 다른 형태의 작품을 쓰는 게 낫겠다고 말이죠. 약삭빠른 생각처럼 들릴지 몰라도 아무래도 다른 사람이 가지 않은 길을 가는 게 낫겠다고 생각했습니다.

당시는 마쓰모토 세이초가 죽고 꽤 세월이 흐른 시절이었습니다. 많은 사람이 사회파 소설을 쓰는 경향에도, 두각을 드러

** 1980년대 후반, 당시 주류였던 사회파 리얼리즘 미스터리에서 미스터리 고전기의 본격 미스터리로 돌아가자고 시작된 흐름 — 옮긴이

내는 작가가 드물었습니다. 그렇다면 누가 사회파 미스터리의 대표 주자가 될 것인가. 비슷한 작품들 사이에서 묻히기보다는 아예 사람들이 거의 가지 않는 길을 택하자는 마음이 제가 사회파를 쓰는 데 큰 계기가 되었습니다.

사회파 미스터리를
쓸 때의 요령

사회파 미스터리를 쓸 때 어떤 소재를 선택해야 효과적일까요. 뉴스에 등장하는 사회 문제나 시사 문제에 느닷없이 눈을 돌리기보다 지금 이 사회의 약자는 누구인지, 그 사람들은 왜 약자가 되었는지를 고민해봐야 합니다. 역설적으로 생각해야 지금 사회가 안고 있는 문제를 발견할 수 있습니다. 지극히 현실적인 소재를 중심으로 이야기를 만들면 사회파 미스터리를 써도 본격 미스터리에 대항할 수 있다고 생각했습니다.

제가 생각한 또 다른 점은 독자와 출판사에 손해를 끼치는 일만은 절대 하지 않는다는 겁니다. 익숙지도 않은 본격 미스터리를 써서 평범한 작품을 만들기보다는 모두가 손대지 않는 사회파 미스터리를 쓴다면 나만의 존재 의의가 조금 더 있다고 판단했습니다.

좀 더 그럴듯하게 말하자면, 모든 작가는 소수자에게 다가가야 합니다. 그들이 직면한 문제가 아직 소설로 드러나지 않았다면 그걸 언어화하는 게 제 의무 중 하나라는 마음이 있습니다. 지금 당장 살펴야 하는 문제나 대처해야 하는 문제가 산재해 있고 그러한 문제를 세상에 드러내는 방법 하나가 소설입니다. 만약 소설을 쓰는 사람이 문제의식을 갖지 않으면 작품이 나오지 않으므로 의도적으로 드러내려 합니다. 저도 직접 소설을 쓰며 깨달았습니다. 지금 현대 사회에 이토록 다양한 문제가 있는데 우직하게 파헤쳐 쓰는 사람은 그리 많지 않다는 것을 말이죠. 특히 미스터리 장르로 눈을 돌리면 주력하는 사람이 그리 많지 않습니다. 시마다 소지는 사회파 미스터리가 위세를 떨쳤던 시기에 나타났습니다. 그다음 신본격 운동이 일어나 모두가 이동하던 시기가 오자 사회파에 잠시 공백이 생겼습니다. 그 공백을 놔두면 사회 문제를 소설로 녹여내는 사람이 사라지고 말 것이라고 생각했습니다. 절대 그런 일이 일어나선 안 된다는 마음도 있었습니다.

  이야기로 써야 하는 사회적 문제나 지금 당장 스포트라이트를 비춰야 할 고통 받는 사람들은 많습니다. 물론 제가 소설을 써봤자 만 명 조금 넘는 사람이 읽을 뿐입니다. 그래도 만 명이라도 현실을 알면 조금이라도 세상에 도움이 되지 않을까요. 면죄부 같은 일에 지나지 않겠지만 누군가는 해야 할 일입니다.

최대공약수를
찾아라

세상에 어떤 문제가 있는지는 살다 보면 알게 됩니다. 컴퓨터를 열고 SNS를 둘러보면 증오와 낙담의 폭풍우가 몰아치고 있죠. 그 안에서 문득 사람이 부르짖는 마음의 절규가 얼핏 보일 때가 있습니다. 어째서 이들은 이토록 화가 났을까, 이들은 왜 이렇게 말할까, 이들은 행복으로 가는 길을 어디서 놓쳤을까 그리고 행복을 놓친 책임은 본인에게 있을까. 온갖 생각에 잠겨 있으면 사회의 왜곡된 부분들이 보입니다. 그걸 일일이 소설로 쓰는 건 어렵습니다. 제 작업은 그런 사람들의 소리 없는 외침을 모아 최대공약수가 무엇인지 찾는 것에서 시작합니다.

왜 최대공약수를 찾아야 할까요. 최대한 많은 사람이 공감하는 이야기를 쓰기 위해서입니다. 최대공약수를 찾지 않으면 이야기는 엔터테인먼트로 성립하지 못합니다. 아무리 비참한 이야기를 다뤄도 많은 사람이 관심을 기울여주지 않으면 소용없는 일입니다. 최종적으로는 현실에 놓인 문제를 생각해주길 바라더라도 소설을 쓰는 이상 독자를 계몽하려 하거나 교육하려고 해서는 안 됩니다. 무엇보다 엔터테인먼트 작가는 사람을 즐겁게 해야 하는 비즈니스에 몸담고 있으니까요. 최근에 저는 사람을 즐겁게 한다는 전제로 세상에는 이런 문제가 있다고 제시하는 작품들을 쓰고 있습니다. 아무리 비참하고 분노를 느끼는 상황을 쓰더라도 독자가 읽은 후 기분 좋은 피로를 느끼지 못하면 제 잘못입니다.

저는 사람들에게 희망을 주거나 어떤 지침이 되기를 바라는 마음으로 이야기를 씁니다. 그러지 않으면 사람들은 이야기를 원하지 않을 테니까요. 오사와 아리마사는 늘 마음에 남는 게 없다면 쓰는 쪽도 읽는 쪽도 지루하다고 말합니다. 하다못해 손톱자국이라도 남겨야 합니다. 저를 포함해 소설을 쓰는 대부분은 그 손톱자국을 남기려고 분투합니다. 물론 전혀 고생하지 않고 할 수 있는 천재도 있을 테지만요.

미스터리 소설만의
매력

소설은 영상과 달리 문자 정보로만 이루어지므로 독자 스스로 자유롭게 상상할 수 있습니다. 소설을 읽으며 마음대로 세계를 넓힐 수 있죠. 소설 속 세계는 읽는 사람의 수용 범위까지 확장됩니다. 같은 책을 읽어도 다른 감상이 나오곤 합니다. 그것이 소설의 진정한 재미입니다. 수용 용량이 큰 사람일수록 읽을 때의 반응 방식도 풍부합니다.

미스터리는 최종적으로 수수께끼를 풀어야 한다는 대명제가 있습니다. 그 사실 하나만으로도 독자를 끝까지 끌고 가는 힘이 있습니다. 수수께끼의 결말이 무엇인지를 쫓는 궁금증만으로 이야기를 끝까지 끌고 갈 수 있다는 사실은 곧 미스터리라는 형식을 이용하면 대체로 어떤 이야기든 만들 수 있다는 뜻입니다. 이처럼 범용성이 높다는 게 미스터리의 큰 매력입니다.

제2장

나카야마 시치리의 미스터리 작법

플롯
작성법

　작가가 되고 13년 동안 신작을 쓸 때마다 꼭 하는 일이 있습니다. 매번 사흘 밤낮을 끙끙대며 생각한 내용을 2천 자 플롯으로 정리하는 일을 계속해왔습니다.

　원고지 500장 정도의 장편이라도 2천 자 이내로 정리해 편집자에게 보냈는데 "재미없다"라는 말을 들으면 절대로 재미있는 소설이 될 수 없습니다. 소설뿐만 아니라 어떤 분야든 마찬가지일 겁니다. 매력적인 이야기는 딱 한 줄로도 표현할 수 있어야 합니다. 캐치프레이즈일 수도 주제일 수도 있는데 어쨌든 2천 자 이내로 정리할 수 없다면 아마도 쓰는 본인이 이야기를 객관적으로 보지 못하고 있다는 소리입니다. 덧붙이자면 2천 자 이내로 정리한 내용을 읽은 사람이 재밌있다고 느껴 더 읽어보고 싶다는 마음이 들지 않으면 그 플롯으로 500장짜리 작품을 완성해도 재미없을 겁니다.

주제, 줄거리, 캐릭터, 트릭

저는 항상 출판사로부터 주제를 먼저 받습니다. 그다음에 받은 주제를 떠올리게 하는 줄거리가 무엇일지 생각합니다. "사회적인 주제가 좋아요", "본격 미스터리요", "밝은 분위기여서 독후감이 좋은 작품요"라고 방향을 제시한 순간 작품의 색깔은 거의 결정됩니다. 그 색깔과 어울릴 줄거리와 캐릭터는 무엇인지, 그 캐릭터라면 어떤 트릭을 쓰려고 할지의 순서로 생각합니다.

연역법을 따르는
줄거리

집필 중에 전개가 막힌 적은 없습니다. 플롯 단계에서 다 정했으니까요. 전개가 막혔다면 그것은 플롯이 제대로 설정되어 있지 않다는 뜻입니다. 사흘 밤낮으로 플롯을 고민할 때도 막히는 일은 없습니다. 귀납법으로 생각하지 않기 때문입니다. 언제나 연역법으로 생각합니다.

다른 작가들과 대화하다 보면 트릭을 먼저 생각하고 나서 이야기를 만드는 사람이 많다는 것을 발견합니다. 많은 사람이 트릭이나 범인을 정하고 역산해 이야기를 진행시키고 있었습니다. 귀납법을 따르는 전개는 괜찮은 트릭이 떠오르지 않으면 글을 전혀 쓸 수 없습니다. 트릭과 등장인물이 어디선가 반드시 충돌해 벽에 부딪힐 겁니다.

저는 트릭을 마지막에 고안합니다. 그래야 많이 쓸 수 있다고 생각하기 때문입니다. 연역법을 따르는 전개 방식이죠. 제일 먼저 주제를 정하고 줄거리가 나오면 등장인물을 결정한

다음 트릭을 생각하면 막힘이 없습니다. 반전도 가장 마지막에 생각합니다. 아이디어가 떠오르면 전체적으로 앞뒤가 맞도록 곳곳에 복선을 깝니다. 이 순서로 쓰면 어떤 트릭을 떠올리더라도 쓸 수 있습니다. 트릭을 정하고 쓰면 아이디어가 떠오르지 않을 때는 영원히 아무것도 쓸 수 없습니다. 그럼 작품을 많이 쓸 수 없죠. 처음에는 골똘히 전체를 생각하고 마지막에 트릭을 넣어야 여러 권을 쓸 수 있습니다.

   트릭이 생각나지 않는 일은 없습니다. 인간의 두뇌란 그렇게 한심하지 않습니다. 생각하면 반드시 해답을 찾습니다. 해답이 나오지 않는 이유는 인풋이 부족해서입니다. 인풋이 어느 정도 뒷받침되는 상태에서 생각하면 반드시 해답이 나옵니다. 이게 작가 생활 13년 동안 제가 내린 결론입니다. 이 방법으로 수십 년이나 버틴 아카가와 지로라는 대선배가 있습니다. 생각해보면 거장이라 불리는 분들 가운데 처음부터 트릭을 생각하는 사람은 거의 없었습니다. 오히려 일단 쓰다가 트릭을 떠올리는 사람이 상당히 많습니다. 트릭부터 생각하고 쓰는 사람은 작품을 많이 쓸 수 없고 작품을 많이 쓰지 못하면 좀처럼 독자들이 이름을 기억하지 못한답니다.

트릭보다 정보를
공개하는 순서

많은 사람이 미스터리에서 트릭의 중요성을 수없이 강조합니다. 개인적으로는 트릭보다 정보를 공개하는 순서가 더 중요하다고 생각합니다. 복선이나 트릭을 증명하는 단서를 어디에 둘지, 언제 공개할지가 중요합니다. 1장에서도 말했듯 이야기 마지막에야 등장하는 인물을 범인으로 내세우면 안 되는 것과 마찬가지로 이야기 마지막에 나온 단서로 범인을 찾아서는 안 된다는 말입니다. 복선이나 단서는 앞쪽에 배치할수록 낙차를 키워 독자들의 흥분과 놀라움을 유도할 수 있습니다.

단서나 복선의 배치 규칙은 마술사의 규칙과는 다른 방식으로 써야 합니다. 꼭 하나 기억해야 한다면 독자가 잊을 만한 지점에 단서나 복선을 두는 방식이어야 한다는 것입니다. 저도 단서를 흘린 지점을 어떻게 잊게 만들지, 독자의 정신을 돌릴 만한 사건을 언제 터뜨릴지를 늘 고심하며 새로운 사건을 만들고자 합니다. 인간은 똑같은 자극이 계속되면 감각이 마비된다고 합니다. 지금 요란한 사건이 일어나면 처음에 놓은 포석은 잊기 마련이죠. 이것이 작품마다 다른 인상을 주기 위해 활용하는 방식입니다. 미스터리를 쓰는 사람 대부분은 마찬가지일 겁니다. 복선으로 생각한 게 복선이 아니었다는, 이른바 레드헤링red herring* 도 자주 쓰죠. 이를 능숙하게 쓸수록 미스터리는 더욱 재미있어집니다.

---

* 독자가 진범을 찾지 못하도록 오해를 불러일으키거나 주의를 분산시키는 논리적 오류 또는 문학적 장치 — 편집자

떠오르는 문장을
모두 적어라

작품을 쓰기 시작하면서부터 알게 된 버릇이 있습니다. 대부분 사람들이 어떤 장면을 떠올리며 글을 쓰는 데 비해 저는 머릿속에서 원고지에 글을 적곤 합니다. 작품 속 인물이나 풍경을 문자로 변환해 원고지에 적는 것입니다. 그 다음에 거기에 살을 붙이는 작업을 합니다.

500장짜리 플롯을 만들 때도 500장에 넣을 글을 전부 머릿속으로 끊임없이 떠올리며 써 내려갑니다. 사흘 밤낮 내리 머릿속으로 원고를 쓰는 것이죠. 반대로 말하면 500장이 다 머릿속에 있어서 어려움 없이 쓸 수 있어 좋습니다.

퇴고는 플롯 단계에서
마쳐라

저는 퇴고하지 않습니다. 원고를 다시 들여다보는 일은 없습니다. 최종 교정쇄를 점검할 때도 고칠 게 없어서 바로 끝납니다. 얼마 전 출판사에 가서 초교를 점검했는데 이날도 역시 30분 만에 끝났습니다. 주석 정도 외에는 확인할 게 없었습니다. 집필에 들어간 처음 사흘 밤낮 동안 머리를 싸매고 퇴고 작업까지 모두 마치는 방식을 제 작업 스타일로 삼았을 뿐입니다. 담당 편집자 말로는 오타 수도 극히 적다고 합니다. 전후 사실 관계가 틀린 적도 없고요.

작품을 쓸 때 머릿속에 있는 원고를 한 단어 한 문장까지 하나도 빠짐없이 꺼내려고 합니다. 그러므로 사흘 밤낮을 생각한 다음 출판사에 보내는 2천 자 플롯과 소설 본문의 처음과 마지막 문장이 같습니다. 그런 작업 방식이 아니면 그토록 많은 작품을 쓸 수 없습니다.

데뷔할 때부터 작품을 많이 쓰지 못하면 망한다는 생각으로 임했습니다. 작품을 많이 쓰려면 어떻게 해야 할지 고민하다 쓰는 방법을 바꿔야 한다는 결론을 얻었습니다. 조각도를 들고 원목을 쓱쓱 깎는 조각가처럼 모든 작품을 단숨에 써내는 사람이 있습니다. 그럴 경우 중간에 실수하면 새 원목으로 다시 처음부터 시작해야 합니다. 시간과 노력이 너무 많이 들어가는 작업입니다. 그래서 저는 원목이 아니라 프라모델 제작 방식을 선택했습니다. 제일 먼저 전체 설계도를 그리고 그대로 만들면 됩니다. 대신 설계도를 그리는 데 시간을 들이는 편입니다. 그렇게 하면 처음부터 다시 시작할 필요는 없습니다.

주제와 줄거리 성립에
적절한 길이

플롯 작성 단계에서 소설의 분량도 결정합니다. 제일 먼저 주제를 표현할 줄거리의 가장 적당한 길이를 결정합니다.

작가들 중에는 소설은 뭘 쓰든 자유라고 말하는 사람이 있습니다. 당연한 말입니다. 그러나 제아무리 자유롭다고 해도 어떤 목적 아래 이야기를 만들려면 자유도는 점점 줄어들어 사용할 이야기 조각은 매번 한정됩니다. 그 이야기 조각들을 잘못 사용하면 독자가 읽으며 부족함을 느끼거나 돈을 돌려달라는 말을 하게 됩니다. 독자들도 잘 알고 있을 겁니다. 주제에 따라 100페이지는 더 필요해 보이거나 더 짧아도 괜찮다고 생각할 수 있습니다.

제가 플롯을 작성할 때는 A라는 주제에 a라는 줄거리라면 500장, B라는 주제에는 b라는 줄거리 400장 식으로 생각합니다. 적절한 길이는 지금까지의 인풋으로 충분히 판단할 수 있습니다. 제가 지금까지 읽은 작품 중에 범작이라고 생각한 책들은 너무 길거나 부족했습니다. 그런 책들을 꽤 많이 읽어서 잘 압니다. 소설은 자유롭다고 생각하나 그 자유에는 어느 정도 한계가 있습니다. 그 한계를 자각하는 사람과 그렇지 못한 사람, 자각하지 못하면서도 자연스럽게 하는 사람이 있을 뿐입니다.

작품 속에서 풀어내야 할 이야기마다 적정 매수가 있습니다. 원고지 400장이라면 400장의 줄거리가 있고, 500장이라면 500장의 줄거리가 있죠. 저는 줄거리를 전부 만든 다음에 전부 몇 장인지 생각합니다. 400장 아니면 350장, 250장인지에 따라 쓰는 내용이 달라집니다. 그보다 짧아도 길어도 안 됩니다. 혹은 이야기가 너무 촘촘해 장편 일부를 드러낸 듯한 이야기도 안 됩니다. 줄거리에 가장 적절한 매수를 생각하고 그 매수에 맞는 이야기의 흐름을 생각해야 합니다.

기승전결로
나눈다

매수를 정한 다음에는 구성을 생각합니다. 가장 간단한 구성의 방식은 '기승전결'입니다. 자신이 구상한 줄거리를 넣으려면 '기-승-전-전-결'이 좋다거나 '기-승-승-전-결'이 좋다는 식으로 다양한 방법을 채택할 수 있습니다. 중간에 두 사건을 연결하는 게 독자의 흥미를 끌기 쉽다면 '기-승-승-전-결'이 좋겠죠.

구성 방식을 결정하면 각각 제1장부터 제5장까지 나눕니다. 제1장은 '기' 부분이므로 중언부언하면 이야기의 추진력이 생기지 않습니다. 예를 들어 원고지 100장으로 분량을 정했으면 100장을 다시 '기승전결'의 4개 단위로 나누고 한 단위의 25장을 어떻게 진행할지 생각합니다. 처음에는 대사를 많이 넣는다거나 대사와 지문의 비율을 6:4로 한다거나 등의 세부적인 서술 방식도 생각해야 합니다. 또 '승'에 해당하는 제2장에 들어갔을 때는 설명에 해당하는 내용을 넣고 싶으므로 대사와 지문의 비율을 3:7로 한다거나, 대사가 너무 길어지면 안 되므로 독자의 마음에 남을 법한 문장을 넣는다거나, 늘어지는 것을 막기 위해 말줄임표(……)는 절대 쓰지 않는다거나, 느낌표나 물음표도 조심한다거나 하는 등을 생각하며 각 단위에 사용할 문장 부호의 숫자나 한자에 주석을 다는 순서도 전부 정합니다. 이렇듯 세부적인 방식을 고려해야 처음 작품을 읽었을 때의 인상만으로 읽는 사람의 심리 상태를 조절할 수 있습니다.

이야기의 패턴은
26가지밖에 없다

일반적으로 이야기 패턴은 26가지밖에 없다고 말합니다. 원래 인도 문학을 분석할 때 등장한 이론입니다. 인도에는 『마하바라타』와 『라마야나』 같은 다양한 고전 문학이 있습니다. 인도의 한 문예 평론가는 신화를 포함해 세상의 이야기는 26가지 패턴밖에 없다고 주장했습니다. 그의 평론을 읽어보면 정말 26가지 패턴밖에 없는 듯합니다. 그리스 신화도 이야기는 많지만 패턴으로 보면 그리 다양하지 않습니다. 그리스 신화에 등장하는 패턴이 현대 소설에서도 반복돼 이어지고 있습니다. 즉, 패턴 종류를 변주하면 얼마든지 이야기를 만들어낼 수 있습니다.

문학은 아주 오래전부터 이어져온 탓에 이미 나올 만한 이야기는 거의 다 나왔을 겁니다. 기본적으로 완벽하게 새로운 시나리오는 없다고 보면 됩니다. 모든 건 일종의 변주이자 오마주입니다. 저는 26가지 패턴 중 대부분을 기억해 그 조합의 변주로 소설을 씁니다. 고전을 읽는 게 좋다고 자주 말하는 이유도 여기에 있습니다. 고전에는 미래가 있습니다.

같은 패턴의 이야기라도 시대와 장소에 따라 완전히 다르게 보입니다. 극단적으로 그리스 신화에 자주 등장하는 '부친 살해' 패턴의 변주는 현대에도 정말 많습니다. 모두가 잘 아는 〈스타워즈〉도 변주에 불과합니다. 환골탈태만 잘하면 얼마든지 새로운 이야기를 만들 수 있습니다.

그러므로 이제까지 등장한 소설과 이야기를 얼마나 내 안에 넣느냐가 중요합니다. 소설을 거의 읽지 않는 사람이 쓴 소설은 재미없고 흡인력이 없어 단조로워지고 맙니다. 요즘처럼 책을 잘 읽지 않는 사람들에게는 독서를 강제할 수 없으나 역시 많이 읽어두는 게 무조건 좋습니다. 덧붙이자면 최신 영화나 소설보다는 고전을 접하면 이야기를 더 쉽게 만들 수 있습니다. 이야기 패턴의 원형을 알게 되니까요. 최근에 등장한 이야기나 또 그것에서 비롯된 이야기는 흔한 이야기의 아류가 될 가능성이 큽니다. 그러나 100년, 200년 전 이야기를 자기 안에 흡수해 배양하고 토해내는 과정을 거친다면 지금 시대에 넘쳐나는 이야기와는 다른 이야기를 풀어낼 가능성이 큽니다. 바로 그때 작가의 개성이 생긴다고 생각합니다.

모방과
오마주의 차이

원작자가 살아 있으면 모방이고 고인이면 오마주라는 말은 너무 무책임한 구분법입니다. 역시 모방이냐 아니냐의 기준은 얼마나 내 것으로 만들었는지에 달려 있습니다.

아무래도 트릭은 다른 작품과 비슷해지기 쉽습니다. 모방이 아니라 동시에 같은 소재를 만들어낼 때도 있습니다. 실제로 스마트폰이나 자율 보행 로봇과 같은 새로운 기술이 나오면 그를 이용한 비슷한 트릭의 소설이 여기저기서 쏟아집니다. 사람들의 눈길을 끄는 요소는 비슷비슷하고 같은 소재를 활용하다 보면 비슷한 트릭이 나오는 게 당연하죠. 다만 같은 트릭이라도 화자가 달라지면 다른 이야기가 됩니다. 그렇다면 화자를 어떻게 다르게 만들지는 역시 자기 안에서 재탄생시켜야 합니다. 결론은 하나입니다. 인풋의 양을 이기는 건 없습니다.

기초적 작가와 작품을
알아두면 편하다

　종종 원작을 모를 때도 있고 세대에 따라 처음 접한 미스터리 작품이 완전히 다를 수도 있습니다. 누군가 "제 고전은 아야쓰지 유키토의 『십각관의 살인』이에요"라고 말할 때 깜짝 놀라곤 합니다. 벌써 그 작품이 고전의 반열에 들어갈 정도로 오래되었나 싶어서요. 언젠가는 "에도가와 코난은 정말 독창적인 이름이에요"라는 말도 들었습니다. 아무리 생각해도 에도가와 란포와 코난 도일을 조합한 이름일 텐데 지금은 그조차 모르는 사람이 있습니다. 『명탐정 코난』의 등장인물의 이름은 전부 유명 미스터리의 등장인물이나 작가의 이름을 따온 것이라는 사실을 모르는 사람이 더 많죠. 같은 맥락에서 지금부터라도 고전을 읽어두는 게 좋습니다. 독자라면 굳이 읽지 않아도 괜찮습니다. 그러나 앞으로 미스터리를 써서 생활할 사람이라면 이 정도는 기초 지식입니다. 좋든 싫든 읽어야 합니다. 반드시 읽어두면 편하게 될 겁니다.

기본적으로 알아둬야 할 작가 중 제가 가장 많은 영향을 받은 사람은 요코미조 세이시입니다. 그가 쓴 작품 중에는 섬뜩한 이야기가 많은데 실은 아주 논리적입니다. 즉, 논리를 숨기려고 섬뜩한 이야기를 펼치는 겁니다. 『옥문도』가 대표작입니다. 작품 속에는 영국의 전래 동요 〈머더구스〉를 소재로 하는 동요 살인이 등장합니다. 그는 일본 특유의 무시무시한 저주가 담긴 토착적 분위기로 기본 소재를 숨깁니다. 이토록 스타일리시한 방법도 없죠. 미스터리 애호가라면 최고의 미스터리를 선정할 때 반드시 『옥문도』가 포함된다는 정도는 다 알 겁니다. 기본 구성은 애거사 크리스티와 엘러리 퀸의 구성 방식과 같습니다. 이것도 변주의 일종이죠.

좋은 아이디어와
나쁜 아이디어

본인의 아이디어가 좋은지 나쁜지 자신 있게 판단하지 못하는 사람도 있습니다. 저는 플롯을 읽는 담당 편집자의 반응만으로도 아이디어가 통하겠다는 사실을 압니다. 출판사마다 제 담당 편집자가 한두 명 있습니다. 그들 뒤에는 수만, 수십만 명의 독자가 버티고 있습니다. 편집자가 재미없다고 생각하면 독자가 읽어도 재미없을 겁니다. 따라서 글을 쓸 때는 편집자를 재밌게 만들어야겠다고 다짐합니다. 가장 먼저 읽는 편집자가 재미없다고 하면 그걸로 끝이니까요. 그 마음만은 10여 년 동안 변하지 않았습니다.

인풋의 양이
중요하다

 이제까지 제가 써낸 플롯이나 원고가 채택되지 못한 경우는 한 번도 없습니다. 왜일까요. 역시 인풋의 양이 중요합니다. 인풋이라고 해서 좋은 것만 섭취하는 것이 아니라 무엇이든 가리지 않고 섭취하니까요. B급이나 Z급 작품에서도 인풋으로 삼을 만한 요소를 얻을 수 있습니다. 온갖 요소를 섭취하다 보면 어떤 요소가 잘된 것이고 어떤 요소가 별로인지 저절로 알게 됩니다. 그러므로 좋은 것뿐만 아니라 나쁜 것도 머릿속에 넣어야 이점이 됩니다. 제 책을 낼 때도 열 명이 모두 받아들이지는 못하더라도 여덟 명은 이해해주리라는 걸 알게 되었습니다. 인풋이 적으면 열 명 중 몇 명이 받아줄지 모른답니다.
 요즘은 책이든 영화든 재미있는 것만 보겠다는 분위기가 있습니다. 인터넷에서 서평이나 소개글을 확인하고 열 명 중 여덟 명이 재밌다고 하면 읽거나 보러 가는 것이죠. 반대로 평이 나쁘면 외면하는 경향이 있습니다. 소설을 쓰려는 사람이 인풋을 편식하는 행동을 계속하면 재미있는 걸 만드는 능력이 상당히 떨어집니다. 실패작의 이유를 알아야 자신이 뭔가를 만들 때 해선 안 될 행동도 알게 됩니다. 저는 영화도 명작부터 망작까지 다 챙겨 봅니다. 하루에 한 편씩 영화를 보는데 간혹 극약 처방이 필요하다는 마음에 일부러 형편없는 영화를 볼 때도 있습니다.

실패작은 이런 짓을 하면 반드시 망한다는 사실을 아주 잘 알게 해줍니다. 반대로 잘 만든 소설이나 멋진 영화는 상당히 주의하며 섭취하지 않으면 어디가 좋고 멋진지 좀처럼 언어화할 수 없습니다. 인간이란 무자비해서 좋은 점보다 부족한 점을 잘 찾기 마련입니다. 그러므로 나쁜 걸 접하는 것도 공부가 됩니다. 좋은 걸 접해도 공부는 되지만 바로 도움이 되진 않습니다. 좋은 걸 섭취하면 자양분처럼 천천히 영양소가 되어 영혼에 흡수될 뿐 바로 작용하지는 않습니다. 반면 독은 바로 효과를 내는 법이죠.

취재를 반드시
해야 할까

　고백하자면, 지금까지 취재는 한 번도 하지 않았습니다. 취재를 하더라도 막상 쓸 때는 그다지 얻을 게 많지 않을 겁니다. 취재 대상이 처음 만난 사람에게 자기 직업의 나쁜 점을 술술 털어놓지는 않을 테니까요. 바로 그 부분을 쓰고 싶은데 말입니다. 게다가 취재해봤자 열 개를 들으면 쓸 수 있는 건 하나 정도에 불과합니다. 과거 다나베 세이코는 "취재하면 좋긴 한데 취재한 것 열 개 중 하나만 써야 해"라고 말했습니다. 그 이상 쓰면 이야기와 상관없는 부분까지 쓰게 되니까요.
　소설을 읽다 보면 이 사람이 정말 취재를 많이 했다는 것이 훤히 보일 때가 있습니다. 사람이란 취재해 얻은 정보는 전부 넣고 싶기 마련이라 지나치게 쓰고 맙니다. 지나친 취재로 작품을 망치기보다는 스스로 상상하는 편이 훨씬 유익합니다. 취재하지 않아도 당연히 상상이란 걸 할 수 있고 어느 정도 지식이 있으면 상상은 진실과 비슷해지기 마련입니다. 예를 들어

『보호받지 못한 사람들』은 센다이를 배경으로 전개되는 이야기인데 실은 센다이에 가본 적이 없습니다. 그러나 센다이 사람이 읽어도 그곳 거리의 풍경은 정말 그렇다고 받아들일 수 있을 정도로 썼습니다. 즉, 취재해야만 쓸 수 있다는 말은 극단적으로 표현하면 인풋의 양이 적다는 소리입니다. 인풋이 있다면 취재할 필요는 없습니다.

모든 정보가 지도에
담겨 있다

소설에 다양한 지역을 배경으로 등장시키지만 한 번도 가본 적은 없습니다. 머릿속 정보를 총동원하면 거의 현실과 비슷해지니까요. 역시 인풋의 양이 절대적으로 중요합니다. 인풋이 많다면 센다이를 배경으로 쓸 때 새로운 정보를 넣지 않더라도 3·11 동일본 대지진 당시의 정보가 자연스럽게 흘러나올 겁니다. 저의 경우 그와 같은 모든 정보를 관련 이미지와 글로 모조리 기억하고 있습니다.

장소를 살필 때는 지도를 봅니다. 지도를 보고 보편적으로 생각하면 대충은 파악할 수 있습니다. 예를 들어 신칸센이 정차하는 역 주변 마을은 역을 경계로 동쪽과 서쪽에 마을이 다르게 형성됩니다. 여기에는 분명한 이유가 있습니다. 도로 폭이 4미터밖에 안 된다면 이곳은 오래된 마을이겠죠. 새로 조성한 마을이라면 도로 폭이 6미터 정도는 될 겁니다. 도로 폭이 4미터인 지역에 있는 초등학교는 틀림없이 오래된 마을과 새로운 마을의 아이들이 다 모입니다. 그렇다면 당연히 그 안에서 계급이 생길 것이라고 상상할 수 있죠. 또 건축법에는 용적률을 몇 퍼센트로 산정하고, 건축 면적이 어느 정도인 주택가에는 공원을 만들어야 한다는 규칙이 있습니다. 그러면 공원이 들어서야 할 어떤 지역에 집이 빼곡하게 들어서 있다면 삼각형 공원이 있을 거라고 상상할 수 있습니다. 또 주변 주택을 보고 조그만 주택이 즐비하면 어떤 사람이 모이고 어떤 일이 벌어질지도 짐작할 수 있습니다. 건축법과 풍속법이 얽힌 지역이라면 낡은 건물이 늘어서 있을 테고 그곳에는 대체로 이자카야와 약국 등이 있겠죠. 가게 종류도 훤히 알 수 있습니다. 역시 인풋이 있기에 아는 정보죠. 이렇게 인풋을 토대로 쓴 다음 현지를 검색해 확인해보면 대부분 상상하던 대로 펼쳐져 있습니다.

예전 소설뿐만 아니라 전문지도 자주 살펴봅니다. 저는 대체로 한 번 읽은 건 다 기억하는 편이라, 글자만 읽으면 된다는 생각에 법의학 책부터 시각표, 곤충 도감까지 전혀 관계없는 책들을 닥치는 대로 읽었습니다. 당시에 읽었던 책들에서 얻은 정보가 지금 아주 유용하게 쓰입니다.

수수께끼는
어떻게 생기는가

저는 트릭을 나중에 생각하고 처음에는 진상을 정하지 않은 채 수수께끼를 생각합니다. 그렇다면 제일 먼저 독자의 흥미를 끌 수수께끼를 어떻게 생각하는지 살펴보겠습니다.

일단 앞뒤가 맞지 않는 상황을 떠올립니다. 사회면 기사를 장식할 법한 불륜 사건이나 유산을 노리는 통속적 이야기도 있겠으나 조금 비틀어 A라는 상황에서 B라는 살인이 일어나면 이상하도록 앞뒤가 안 맞는 상황을 생각합니다. 예를 들어 누군가 죽어도 아무도 득이 안 되는 살인이나, 모두가 좋아하던 사람이 잔혹하게 살해된다거나 하는 식으로 앞뒤가 안 맞는 상황이 매력적인 요소가 됩니다. 물론 작품에 따라 상황과 설정은 다릅니다.

가령 법의학 이야기를 쓴다면 피해자가 어떻게 살해되었는지 외에도 피해자의 병력이나 일반 의학 정보를 언급하는 게 좋습니다. 법률 서스펜스라면 왜 피고인이 거짓말을 했는지를 이야기의 중심에 놓습니다. 이야기의 질에 따라 매력적인 수수께끼는 다양합니다. 그러므로 작품마다 생각할 수밖에 없지만 앞뒤가 안 맞는 상황 정도는 늘 염두에 둡니다. 덧붙이자면 부조리한 상황을 제시하면 독자는 흥미를 느낍니다.

결국 처음의
아이디어로 돌아간다

작품을 준비할 때는 사흘 밤낮으로 수수께끼를 생각합니다. 사흘 밤낮이라고 하면 일을 빨리한다고 긍정적으로 평가하는데 사실은 아닙니다. 다른 일정이 많아 사흘밖에 여유가 없어서 그렇습니다.

어쨌든 저는 작품을 많이 쓰는 편이라 하나의 이야기와 플롯에 그리 많은 시간을 투자할 수 없습니다. 투자하더라도 결과는 비슷할 겁니다. 사실 아이디어는 제일 처음 떠오른 게 가장 좋으니까요. 두 번째, 세 번째 아이디어는 참신함이 점점 떨어지기 마련입니다. 그 말은 곧 사흘 만에 만든 플롯이나 석 달에 걸쳐 만든 플롯이나 큰 차이가 없다는 말입니다.

처음 떠오른 아이디어는 누구나 생각할 수 있는 것이므로 가차 없이 버린다는 사람도 있습니다. 그러나 제가 처음으로 떠올리는 아이디어는 아무도 생각하지 못하는 특이한 것이라 다른 작가와는 다를지도 모르겠네요. 반복해 말했듯 인풋의 양이 있기 때문입니다. 즉, 처음 떠오른 아이디어가 흔한 아이디어라면 그만큼 인풋의 양이 부족하다는 의미입니다.

트릭에는 물리 트릭과 심리 트릭이 있습니다. 저는 물리 트릭에 약해 심리 트릭 쪽에 치우쳐 쓰는 편입니다. 물론 이것도 변주할 뿐입니다. 심리 트릭의 종류에는 과거부터 이어져오는 형태가 있습니다. 제가 정리한 바로는 다섯 종류 정도입니다. 저는 이 다섯 종류를 조합해 트릭을 만듭니다. 다섯 종류의 내용은 제 밥벌이 밑천이므로 좀 더 설명해달라는 말은 하지 마세요.

다만 도움이 될 만한 이야기를 하자면 에도가와 란포도 스스로 트릭의 종류를 분류했습니다. 그는 작품을 쓰면서 동서고금의 미스터리를 수집하고 분류했습니다. 미스터리와 트릭의 종류, 심리 트릭까지 전부 분류해 『추리 소설 속 트릭의 비밀』이라는 책으로도 펴냈습니다. 지금도 도움이 되는 아주 대단한 작품입니다. 앞으로 미스터리를 쓰고자 하는 사람에게는 참고가 될 겁니다. 덧붙이자면 쓰즈키 미치오의 『노란 방은 어떻게 개장되었나?』라는 책에 그 수정본이 실려 있습니다.

편집자와의 대화
90퍼센트는 잡담

새 작품의 주제는 편집자의 요청을 받는다고 이미 말했습니다. 그와는 별개로 저는 언제나 편집자가 어떤 이야기를 읽고 싶어 하는지 생각합니다. 편집자와 미팅할 때 일 이야기는 5분밖에 하지 않습니다. 한 시간을 만나면 나머지 55분은 잡담으로 채우죠. 직장인일 때부터 일단 평소에는 수다나 떨자고 생각했습니다. 누군가의 호불호를 알고 싶다면 수다를 떨며 그가 뭘 읽고 싶어 하는지, 거꾸로 무엇을 필요 없다고 생각하는지 탐색해 알아낼 수 있기 때문입니다. 상대방에 대한 정보를 알아두면 정식으로 요청이 왔을 때 그가 A라는 주제로 써달라는 말이 곧 a라는 줄거리를 원하는 거라는 의도를 바로 알아차릴 수 있습니다.

상대방과의 잡담이 없었다면 모를 일입니다. 많은 사람이 업무 얘기를 할 때는 요점만 말하려고 합니다. 누군가 자신의 개성을 가장 확실히 드러내는 순간은 업무 얘기가 아니라 잡담

할 때입니다. 예컨대 같은 영화를 봤다면 영화의 장단점을 얘기하면 됩니다. 지금 모두가 보는 영화, 즉 화제의 영화에 대한 감상을 말할 때 그 사람의 취향이 가장 잘 드러납니다. 많은 사람이 보지 않는 영화라면 판단 기준을 세우기 어렵습니다. 하지만 주류 영화라면 다양한 판단 기준이 있기 마련이죠. 그러한 판단 기준 가운데 편집자의 기준을 파악하면 영화에 대한 그 사람의 평가도 대략적으로 알 수 있습니다. 줄거리보다 배우를 본다거나, 할리우드 영화는 그다지 좋아하지 않는다거나 하면 할리우드 스타일의 작품은 쓰지 않는 게 좋다는 판단이 섭니다. 플롯을 제출하고 한 번도 통과되지 못한 적이 없다는 말은 곧 상대방의 의도를 파악하고 있다는 말과 같습니다.

  간혹 출판사가 제시하는 주제가 너무 황당할 때도 있습니다. 그럴 때 고분샤光文社와의 미팅에서 있었던 일을 종종 이야기하곤 합니다. 편집자 두 명과 편집장이 제게 가족물, 서스펜스, 반전이 있는 이야기, 각 등장인물의 스핀오프 등 저마다 세 가지 주제를 제시했습니다. 모두 합치면 아홉 가지 주제죠. 저는 아홉 가지 주제를 하나의 이야기에 어떻게 담을지 고민했습니다. 그렇게 탄생한 것이 바로 『아키야마 젠키치 공무점』입니다. 플롯을 냈더니 편집장이 아홉 가지 주제를 다 넣은 것을 보고는 깜짝 놀라더군요. 그 중 한 가지 주제만 넣으면 된다는 말에 저도 모르게 웃음을 짓고 말았습니다.

출판사의
집필 의뢰

저는 이제까지 77편의 작품을 썼는데 제가 나서서 이 주제를 쓰겠다고 제안했던 적은 한 번도 없습니다. 전부 출판사가 요청한 주제를 그대로 썼습니다.

딱 한 번 제가 먼저 쓰고 싶다고 밝힌 작품이 바로 아사히신문출판에서 낸 『특수 청소부』입니다. 그 작품만은 전부터 관심이 있던 소재를 다뤘습니다. 고독사한 사람의 뒤를 청소해주는 특수 청소부들의 이야기입니다. 직업을 통해 현대인의 고독 같은 걸 써보고 싶었습니다. 제가 쓰기 전까지 아무도 그 주제를 다루지 않았습니다. 저로서는 쓸 가치가 있다고 판단했지만, 아무리 기다려도 출판사에서 요청이 오지 않자 처음으로 직접 제안했습니다.

현재 쓰고 싶은 주제는 달리 없습니다. 『특수 청소부』가 예외였을 뿐, 쓰고 싶은 게 전혀 없습니다. 스스로 쓰고 싶은 것과 세상이 원하는 게 늘 일치할 수는 없습니다. 물론 쓰고 싶은 걸 쓰는 작가도 있을 겁니다. 다만 저는 스스로 그런 유형의 글쟁이가 아니라고 생각합니다.

타깃 독자 vs 대중

독자층을 고민할 때도 있고 아닐 때도 있습니다. 출판사가 명확하게 타깃 독자층을 좁혀 제시하면 '아, 그래?'라고 생각하고 씁니다. 반대로 폭넓은 독자층이 읽는 책을 만들고 싶다고 하면 '아, 그래?'라고 생각하죠. 주문하기 나름입니다. 그러나 무엇을 쓰든 손톱자국은 남기겠다고 명심합니다.

독자의 손톱자국을
남기고 싶다

　무엇을 쓰든 손톱자국은 남기고 싶습니다. 독자가 읽고 나서 줄거리는 잊더라도 마음에 걸리는 것조차 없으면 쓴 의미가 없다고 생각합니다. 어떤 장르를 쓰더라도 목적이라고 해야 할까, 반드시 사람의 마음을 자극하고 싶다는 마음이 있습니다. 물론 그런 마음을 대놓고 밝히지 않고 슬쩍 씁니다. 모든 작품이 그렇습니다. 제가 쓴 작품이 재미있어서 단숨에 읽은 사람이라도 잠들기 전 한 장면이 떠오른다거나 어떤 상황에서 한 문장이 떠오르면 손톱자국을 남긴 겁니다. 그것은 곧 제 작품이 그 사람 영혼의 일부가 된다는 뜻이죠. 독자가 그런 독서 경험을 맛본다면 작가로서 더 바랄 게 없습니다.
　딱 한 사람, 제 의도를 알아차린 사람이 있었습니다. 제 의도를 미루어 짐작한 편집자의 말을 들은 순간 완전히 간파당했다고 생각했습니다. 역시 베테랑 편집자는 대단하더군요. 그 뒤로는 더 조심스럽게 잘 감추려고 노력합니다. 저뿐만 아니라 글 쓰는 사람이라면 많든 적든 다른 이에게는 말할 수 없는 목적 같은 게 있을 겁니다. 저 역시 대놓고 목적이나 의도를 말하기는 부끄럽습니다. 제 의도를 알아차린 건 비록 그 사람뿐이었지만 지적당했을 때는 부끄러우면서도 제대로 전해지고 있다는 생각에 기쁘기도 했습니다. 분명 저를 제대로 이해하는 사람은 제가 아닐 겁니다. 본인도 자신을 모를 때가 있으니까요. 자기보다 자기를 더 알아주는 사람이 있다면 기쁜 일입니다.

낡은 가치관과
새로운 가치관 사이에서

　사회파 미스터리를 쓸 때도 제 가치관을 이야기에 담지 않습니다. 애당초 제 생각이나 사상을 소설에 반영시킬 생각은 없습니다. A라는 주제를 파 내려가려면 a라는 캐릭터는 이럴 것이라고 결정한 시점에서 캐릭터가 어떻게 생각하는 사람인지 설정되므로 제 가치관을 주입하지 않는다는 기준이 흔들리는 일은 전혀 없습니다.
　최근 들어 작가가 전면에 나서는 문제를 고민하고 있습니다. 어떤 작가는 언제나 자기가 옳다고 생각하므로 당당하게 작품에 자기주장을 주입해도 부끄럽지 않은 모양입니다. 저는 근본적으로 자신이 옳지 않다고 생각해서 그럴 수 없습니다. 그래서인지 제가 쓴 작품들은 그리 편향적이지 않습니다. 편향된 존재는 등장인물뿐이죠.
　예전보다 세상이 변했습니다. 세상의 분위기는 소설에도 반영되고 있다고 느낍니다. 예컨대 현대 미스터리를 쓸 때 가부

장제를 소재로 다루면서 가부장제의 폐해를 쓰지 않으면 의미가 없을 겁니다. 이미 다들 아는 사실이고 자연스럽게 이야기가 이어집니다. 시대물을 쓰더라도 반드시 현대적 사상이나 사회 문제를 심어 넣습니다. 대놓고 주장을 펼칠 필요는 없습니다. 자연스럽게 풀어내면 됩니다.

소설에 자신의 사상이나 쓰고 싶은 걸 넣어서는 안 된다는 말이 아닙니다. 다만 소설에 쓰고 싶은 사상이 있더라도 그 생각이 편향된 게 아닌지를 생각할 필요가 있습니다. 편향되지 않은 생각은 중요합니다. 물론 지금은 새로운 가치관이 계속 정립되고 공유되는 시대입니다. 여성 차별, 성차별, 인종 차별과 같은 보편적 주제는 나름대로 진지하게 다루려고 합니다. 소수자에 다가가려는 태도가 사고방식의 근본에 깔려 있으면 따를 생각입니다. 그러나 간혹 특정 사고방식이 과격한 행동으로 이어져 누군가에게 손해를 입힌다면 의문을 제기해야 합니다. 정말 어려운 문제입니다. 저도 자주 소설에 쓰는데 '옳은 것'과 '바라는 것'은 별개의 문제입니다. 둘 사이에는 다양하고 복잡한 요인이 얽혀 있습니다. 특히 과격해지는 운동에는 살짝 의구심을 품습니다. 아무리 정론일지라도 너무 과격해지면 반동을 일으키기 마련이니까요. 정말 무서운 일입니다. 아무리 옳아도 주장하는 방법이 틀리면 반드시 반격을 받습니다. 그 점은 경계해야 합니다.

옳은 잃은 해야 하지만 실행하는 방식이 틀리다면 위험해집니다. 요즘에는 지나치게 날 선 정론을 들이대다가 역습당하는 사람들도 있습니다. 물론 불공평이나 차별은 철폐해야 합니다. 그렇더라도 감정에 휘둘려 행동하면 반드시 실패합니다. 자신이 옳다고 해서 감정에 휩쓸려 아무 말이나 해도 되는 건 아니니까요. 게다가 자신의 의견이 정말 다 옳은지도 판단하기 힘듭니다. 자신의 의견이 세상에 쉽게 받아들여지려면 어떻게 할지를 늘 생각해야 합니다.

사람들이 싸우는 것은 서로 자기가 무조건 옳다고 생각하기 때문입니다. 옳은지 아닌지가 아니라 좋아하는지 아닌지를 판단하면 매사 파악하기 쉽습니다. 즉, 자신이 옳지 않다고 자각했을 때 길은 열립니다. 내가 옳지 않다고 생각하면 비판을 통해 다시 생각하거나 수정할 수 있기 때문입니다. 아무리 옳은 정론이더라도 그것을 상대방에게 강요하는 일은 옳지 않습니다. 그러므로 늘 생각합니다. 난 옳지 않고 다수파도 아니다. 그러나 상식 정도는 있다고.

세상이 정신없이 변하는 상황에서 단 한 가지 분명하게 말할 수 있는 것이 있습니다. 눈앞에 있는 뭔가를 돌파하는 데는 감정이 필요하나 매사를 전진시키는 데는 논리가 필요합니다. 감정과 논리의 역학이 뒤바뀌면 진보는 실패하거나 늦어집니다. 매사 제대로 전진하려면 더 영리해져야 합니다. 영리함이 나쁜 건 아닙니다.

상식인의
사고방식

미스터리의 수수께끼처럼 엉뚱하지 않은 것, 부조리한 것을 생각하려면 일반적인 사고능력을 지녀야 합니다. 상식을 많이 알아야 비상식을 만들 수 있습니다. 부끄럽지만 저는 제가 엄청난 상식인이라고 생각합니다. 어! 지금 누군가가 분명 웃은 것 같습니다.

이상한 생각은 상식이 있어야 할 수 있습니다. 상식이 있기에 이상하다는 것을 압니다. 종종 자신이 개성적이라고 주장하는 사람이 있는데 대체로 그런 사람의 이야기는 재미가 없습니다. 누군가에게 놀랍거나 비상식적인 것이 그에게는 상식이라는 말이니까요. 정작 중요한 것은 낙차입니다. 그러므로 많은 사람이 놀랄 일과 비상식적이라고 생각할 만한 것을 발견하려면 내가 평범해야 합니다. 저도 평범한 사고방식을 가졌습니다. 그러므로 SNS도 하지 않고 오른쪽이나 왼쪽의 사상에 치우치지도 않고 종교에도 참여하지 않으려 합니다.

제3장

미스터리를 더 재미있게 만드는 법

초반에 독자의 마음을
사로잡아라

"이 자식! 이라고 후작 부인이 말했다"라고 시작하는 유명한 문구가 있습니다. 물론 농담입니다만. 첫 문장에서 흥미를 끌면 성공한다는 말을 하고 싶습니다. 그래서 저는 미코시바 레이지 변호사 시리즈의 첫 번째 작품『속죄의 소나타』의 첫 줄을 "시체를 만지는 것은 이번이 두 번째였다"라는 문장으로 시작했습니다. 실은 시체를 처리하는 사람이 변호사라는 정보를 슬쩍 내비쳐 독자의 관심을 끌려고 한 겁니다. 요즘에는 이것도 좀 식상한 느낌입니다. 전에는 "미스터리는 첫 다섯 페이지 안에 시체가 굴러다녀야 한다"라는 말도 있었는데 최근에는 그다지 집착하지 않습니다.

　지금은 그보다 감정 이입하기 쉬운 인물을 도입부에 선보이려 합니다. 예를 들어 사람들에게는 거의 없는 성적 취향을 지녔다거나, 인물의 대사나 외모 혹은 사고방식이 조금 왜곡된, 그러나 매력 있는 캐릭터를 우선해서 제시하려 합니다. 첫 번째 줄이 아니라 두 번째 줄이라도 좋습니다. 가급적 첫 두 줄 안에 독자가 놀랄 만한 문장을 쓰려고 합니다.

여기서 감정 이입이란 공감하기 쉽거나 독자와 친근한 존재가 아니라 흥미를 끌기 쉽다는 의미입니다. 미스터리란 까다로워서 지나치게 감정 이입하면 곤란할 때도 있습니다. 캐릭터 자체가 트릭일 때도 있어서 작품 경향에 따라 주인공의 캐릭터도 나눠 씁니다.

감정 이입하기 쉬운
캐릭터를 만드는 법

한마디로 표현하기는 힘든데, 일테면 주인공에게 독자로 하여금 '내게도 이런 점이 있어'라고 생각되는 최대공약수를 넣는 게 첫째입니다. 둘째는 반대로 '난 이런 경험을 한 적 없어'라는 면을 주인공에 더합니다. 이는 작품에 따라 달라집니다.

예를 들어 괴짜 캐릭터가 주인공일 때는 처음부터 기상천외한 면을 보여주고 반대로 평범한 사람이 주인공일 때는 반드시 '내게도 이런 일이 있었어' 혹은 '실제로 비슷한 사건이 있었어'라고 생각할 에피소드를 넣습니다. 그러면 독자가 작품 세계에 몰입하기 쉬워집니다.

『연쇄 살인마 개구리 남자』는 잔혹한 살인 사건이 일어나는 이야기로, 처음에는 이토록 지독한 이야기가 있나 싶은 부분부터 들어가는 방식으로 썼습니다. 『보호받지 못한 사람들』처럼 보통 사람이 주인공일 때는 예외입니다. 등장인물이나 작품 전체를 생각해 어떤 색깔로 시작할지를 정해야 합니다.

평범한 주인공을 쓸 때 독자가 감정 이입을 하게끔 최대공약수를 찾으려면 스스로 캐릭터가 되어보는 수밖에 없습니다. 바로 지금 회사 상사에게 사표를 던지고 왔다면 기분이 어떤지 주인공 입장에서 연기해보는 식입니다. 직접 대본을 쓰고 연출하고 연기하는 수밖에 없죠. 저는 그때의 기분은 이러이러하다고 떠오른 문장을 플롯이나 원고로 옮깁니다.

괴짜 주인공은 독자가 얼마나 매력적으로 생각하는지가 핵심입니다. 아무리 험한 말을 내뱉어도 행동은 윤리적인 캐릭터라면 미워할 수 없겠죠. 결국 인간의 됨됨이를 드러내는 건 행동이니까요. 아무리 미움을 받아도, 아무리 귀를 막고 싶어질 만한 말을 해도 행동만은 올바르게 신사적으로 한다면 독자는 흥미를 가질 겁니다. 소위 츠데레ツンデレ 같은 캐릭터입니다. 거꾸로 아무리 좋은 말을 하더라도 행동이 뒤따르지 않는 주인공이라면 독자는 매력을 느끼지 않을 겁니다.

즉, 캐릭터를 보여주는 순서도 중요합니다. 인간은 상대방의 결핍된 부분이나 열 가지 특성 중 유독 하나의 특성에 시선을 보내는 습성이 있습니다. 성격은 최악인데 진지한 말을 툭 내뱉으면 사실은 좋은 사람이었다고 생각합니다. 그러므로 소설에서 악역을 만들 때는 아주 호감 가는 청년으로 등장시켰다가 마지막에 나쁜 말을 툭 내뱉게 만들면 됩니다. 그러면 악역 일지라도 인상이 확 바뀝니다.

홈스와 왓슨 역할의
필요성

　저뿐만 아니라 많은 미스터리 작가가 홈스와 왓슨의 역할을 하는 캐릭터를 등장시킵니다. 서스펜스처럼 자기 문제를 스스로 해결하는 미스터리에서 왓슨과 같은 조수 역할은 방해가 됩니다. 반대로 다른 사람의 사건을 수사할 때 홈스와 같은 탐정 역할이 너무 수다스러우면 스포일러가 되기 쉽고 반전을 만들기도 어려워 왓슨과 같은 역할을 등장시켜 다른 견해를 만듭니다. 조수 역할이 잘못된 추리를 펼치거나 탐정이 무슨 생각을 하는지 모를 만한 장면을 묘사할 때는 철칙이나 마찬가지죠. 버디물*의 장점은 왓슨 역할에 주인공의 됨됨이와 행동을 대변시킴으로써 독자에게 주인공과 한층 가까워진 느낌을 주게 하는 겁니다.

　홈스와 왓슨 역할의 캐릭터 조합은 어떻게 활용하면 좋을까

---

* 두 명의 주인공이 짝을 이루어 활약하는 장르 — 편집자

요. 해외 미스터리 작품에서는 왓슨 역할이라고 생각한 사람이 실은 홈스 역할인 작품도 있습니다. 펠럼 그렌빌 우드하우스의 버티와 지브스 시리즈처럼 왓슨 역할이 제대로 만들어져 있으면 반전을 넣어 마지막에 진실을 밝히는 방법도 있습니다. 덧붙이자면 개인적으로 버디물은 배신이라는 전개까지 다양한 변주를 줄 수 있어서 좋아합니다.

등장인물의
작명법

　등장인물의 이름은 어떻게 정할까요. 이야기와 캐릭터 만들기는 간단한데 이름은 정말 어렵습니다. 이름은 그 사람을 드러내는 요소니까요. 이야기를 끌어갈 매력적인 캐릭터에 야마다 다로* 같은 평범한 이름을 붙이는 건 미즈시마 신지** 정도일 겁니다.

　이름만 들어도 그 사람의 됨됨이를 상상할 수 있는 이름이 가장 이상적입니다. 그런데 말처럼 쉬운 일이 아닙니다. 제 소설 주인공으로 미사키 요스케나 미코시바 레이지, 이누가이 하야토는 그럭저럭 괜찮은 이름 같은데 그런 이름이 줄줄 나오는 일은 드물어 새 시리즈를 만들 때마다 고생합니다. 그래서 데뷔 10주년 기념으로 "응모한 분의 이름을 그대로 소설에 쓰겠습니다"라는 이벤트도 진행했습니다. 독자 서비스와 동시에

* 우리나라의 홍길동처럼, 관공서 문서의 예시로 자주 쓰이는 이름 - 옮긴이
** 『도카벤』 등으로 유명한 만화가 - 옮긴이

직접 이름을 지어야 하는 수고를 덜려는 의도였죠. 실제로 주요 인물 이외의 등장인물 이름을 전부 응모한 분들의 이름으로 설정했습니다. 12개월 연속으로 간행했으므로 12편 합계 98명의 이름을 구할 수 있어 큰 도움이 되었습니다.

직접 등장인물의 이름을 구상할 때는 어떻게 등장시키느냐의 이야기로 돌아가죠. 대표적으로 한자 하나로 이미지를 부풀리는 방법을 이용합니다. 예를 들어 엄격하다고 할 때의 '엄嚴' 자가 들어가는 이름이라면 그것만으로도 위압적인 얼굴이 떠오릅니다. 즉, 사람 됨됨이를 쉽게 떠올릴 한자를 씁니다. 그런데 그 또한 매우 어렵습니다. 사흘 밤낮을 고민할 때 이름을 고안하는 데 가장 많은 시간을 씁니다. 그 결과일까요, 나중에 보면 제 소설의 등장인물은 희한한 성이 많았습니다. 그런데 놀랍게도 찾아보면 실제로 그런 성이 있더라고요.

덧붙이자면 이름을 정한 단계에서 캐릭터는 대부분 완성됩니다. 여기까지 끝내면 다음은 트릭을 생각하면 됩니다.

장편 소설의
최소 필요조건

독자가 지루해하지 않게 하려면 전체와 각 장을 기승전결로 나누라고 앞서 말했습니다. 플롯을 작성하는 단계에서부터 기승전결을 세분화해 독자의 호흡을 조절해야 합니다.

장면을 전환하는 타이밍도 중요합니다. 아마추어 작가 중에는 정신없이 장면을 전환하는 사람도 있습니다. 그런 식이면 독자는 따라가기 힘듭니다. 영화나 방송의 흉내를 낸 컷백[*]을 많이 써서 장면을 계속 바꿀 수 있으나 읽기만 힘들어질 뿐입니다. 500장짜리 장편이라면 처음부터 장면을 몇 개로 할지 정해야 합니다. 참고로 500장짜리 장편이라면 한 장면에 최소 원고지 15장은 필요합니다. 그보다 짧으면 부족한 느낌이 들고 그보다 길면 한 장면이 너무 길다고 느낄 수 있습니다. 물론 장면이 길어야 할 이유가 있으면 길게 써야겠죠. 예를 들어 두 사

---

[*] cutback. 이어지는 장면에서 갑자기 다른 장면이 나왔다가 다시 원래 장면으로 돌아가는 기법 – 옮긴이

람이 대화하는 장면은 15장이 한계입니다. 더 길어지면 다른 효과가 생깁니다. 조금 전까지 냉정하게 대화했는데 중간에 상대가 격앙하거나, 격앙한 모습을 보고 그 사람의 다른 면을 봤다거나, 대화 속에서 다른 전개가 있어야 길어지는 것이 허용됩니다. 장편소설의 최소 필요조건은 첫 부분과 마지막에서 사람이 변하거나, 혹은 세계가 변하는 것이므로 긴 대화 장면을 그릴 생각이라면 그 안에서 등장인물과 세계가 조금씩 변화해야 지루하지 않습니다.

서장과
프롤로그의 의미

신인상에 응모하는 원고에 서장과 프롤로그를 넣은 사람이 많다고 들었습니다. 아마추어 작가일수록 작품에 뭔가 있어 보이려고 할 때가 많다는 겁니다. 본편을 다 읽은 다음에도 프롤로그를 이해할 수 없으면 안 쓰는 게 낫습니다. 반면 에필로그는 의미가 꽤 있습니다. 일단 이야기는 끝났으나 후일담을 알고 싶은 사람을 위한 독자 서비스일 수도 있으니까요. 그러나 프롤로그는 상당한 의미가 있지 않은 한 쓰지 않는 게 좋습니다.

이제까지 제가 프롤로그를 쓴 작품은 딱 두 편입니다. 우선 음악 시리즈의 두 번째 작품『잘 자요, 라흐마니노프』입니다. 이 시리즈는 작품 성격상 살인도 범죄도 일어나지 않습니다. 그런데 두 번째 작품을 쓸 때 편집자가 "아무래도 처음에 사건이 일어나면 좋겠어요"라고 의견을 냈습니다. 그래서 프롤로그에서 사건을 일으켰습니다. 중간에 나올 사건을 처음에 배치해

본편에 들어가서야 실은 한 달 전에 사건이 있었다는 걸 알게 되는 구성입니다. 즉, 시제를 슬쩍 바꿨을 뿐이죠. 그런데 이런 식으로 사건을 넣은 건 역시 신인이나 솜씨가 없다는 증거였다는 것을 나중에 제 작품을 읽고서야 깨달았습니다.

프롤로그에서 제1장으로 넘어갈 때 시제도 등장인물도 바뀌는 경우가 대다수입니다. 바로 거기서 허들이 하나 생기는데 이 허들이 치명적일 때가 많습니다. 그 지점에서 읽기를 중단하는 사람도 있죠. 그러므로 프롤로그는 정말 흥미롭게 써야 합니다. 반대로 프롤로그에 너무 힘을 주면 이번에는 프롤로그와 제1장이 이어지지 않습니다. 프롤로그와 제1장의 연결 고리 문제를 제대로 처리하지 못하면 물과 기름처럼 겉도는 이야기가 되고 맙니다. 물론 잘 처리하면 아주 효과적입니다. 익숙지 않은 사람이라면 프롤로그는 포기하는 게 좋습니다.

장편의 주요 등장인물은
세계를 변화시킨다

　장편에서는 작품 전체를 통해 등장인물이나 세계가 변하는 게 중요합니다. 장편 소설은 역시 누군가의 성장 이야기가 아닐까요. 책을 읽는 사람이 원하는 건 가상 체험입니다. 긴 이야기를 읽었는데 등장인물이 변한 모습이 하나도 없다면 독자는 책을 내던지고 싶을 겁니다. 세계가 변하거나 사람이 변하지 않으면 장편으로 쓸 가치는 그다지 없는 듯합니다.
　물론 주인공이 바뀌지 않을 때도 있죠. 다만 그럴 때는 주인공을 조연으로 돌려야 합니다. 주인공이 조연으로 옮겨가면 그 사람을 왓슨 역할로 삼고 곁에 홈스 같은 기묘한 인물을 둡니다. 기묘한 인간과 원고지 500장 분량만큼 지나는 동안 어울렸더니 자신에게도 변화가 생겼다는 전개가 좋습니다. 특별할 게 전혀 없는 사람을 주요 등장인물로 사용하는 이유는 그것밖에 없습니다. 주인공이 조연이고 주위에 홈스 역할도 없으면 감동은 전혀 생기지 않습니다. 조연이란 무슨 일이 일어났을 때 작품 속에서 그가 어떻게 느꼈을지 독자와 공유하는 역할입니다. 감동이 없는 사람이 중요한 조연을 맡으면 그건 단순한 내레이션에 불과합니다.

복선이나 단서를
만드는 법

미스터리를 더 재미있게 만들려면 단서, 복선, 트릭, 반전 등을 반드시 연구해야 합니다. 여러 차례 언급하는데 이것들은 이야기 초반부에 배치해야 의외성이 생깁니다. 의외성이란 낙차에서 발생하니까요. 낙차는 독자가 그린 인물상과 전혀 다른 인물상이거나 독자가 상상한 세계관과 전혀 다른 세계관이었음을 깨달았을 때, 혹은 탐정 역할이 슬쩍 내놓은 단서가 실은 이미 초반부에 제시되어 있음을 깨달을 때 생깁니다. 이때 독자들은 깜짝 놀라죠.

독자를 놀라게 하는 것과 동시에 그 장치들을 초반에 놓으면서 어떤 것이 복선이고 어떤 것이 단서임을 알아차리지 못하게 눈에 띄지 않도록 배치해야 합니다. 두 가지 방법이 있습니다. 첫째, 최대한 자연스럽게 배치해야 합니다. 둘째는 이른바 레드 헤링, 일부러 엉뚱한 것을 복선처럼 배치하는 겁니다. 트릭의 내용보다 정보를 게시하는 방법이 중요할 때도 있습니다. 그러므로 처음 플롯 단계에서 복선은 어디에 심고 진실에 다가갈 정보를 어떻게 공개할지 등을 생각하면 의외로 재미있는 미스터리를 쓸 수 있습니다. 미스터리에 서툰 사람은 방법론을 완전히 무시하고 느닷없이 단서를 내놓는 실수를 범합니다.

소설에서 어떤 전조도 없이 갑자기 쥐가 나타나면 느닷없다고 느낄 수 있습니다. 그럴 때는 소설의 초반에 털을 줍는다거나 한밤에 바스락 소리가 난다는 내용을 써놔야 복선이 됩니다. 다만 복선과 실제 쥐가 나오는 장면이 너무 인접하면 그리 놀랍지 않습니다. 천장에서 발소리가 난다고 초반부에 쓰고 원고지 20장쯤 이야기가 진행되어 독자가 그 정보를 잊었을 즈음 등장인물 중 누군가가 문을 열었더니 쥐 떼가 있었다고 쓰는 게 훨씬 놀라움을 선사합니다. 독자는 그제야 앞에서 본 정보를 깨닫게 됩니다.

작은 수수께끼가 있고 그것이 해결되면 다른 수수께끼가 생긴다는 방법도 있습니다. 애거사 크리스티가 바로 이런 방법을 이용해 명작을 내놓았습니다. 크리스티의 작품은 중심에 큰 수수께끼가 있고 그 주위를 작은 수수께끼가 둘러싸고 있습니다. 작은 수수께끼를 하나씩 풀어가면 마지막에 가장 큰 수수께끼가 등장합니다. 작은 수수께끼와 큰 수수께끼는 경계 없이 자연스럽게 이어져야 이상적입니다. 이런 방식에 대표적으로 능숙한 작가가 애거사 크리스티와 엘러리 퀸입니다.

  복선을 까는 방법도 마찬가지입니다. 독자가 읽을 때는 흩어진 정보에 불과하지만, 나중에 생각하면 전부 연결되어 있었음을 깨닫는 게 이상적입니다. 이 역시 처음 플롯 단계에서 무엇을 어디에 놓을지, 사건과 시간, 장소를 정확하게 생각해둬야 효과가 생깁니다. 다만 보편적 비결이란 없습니다. 수없이 말하는데 명작과 졸작을 닥치는 대로 읽어서 자기만의 감각을 익혀야 합니다.

한심한 반전을
피하는 법

사실 저는 반전을 그리 중요하게 생각하지 않습니다. 악센트 중 하나라고 생각합니다. 데뷔하고 몇 작품쯤 썼을 때 평론가 오모리 노조미가 '반전의 제왕'이라는 이름을 붙여줘서 그런 이미지가 생겼을 뿐, 개인적으로 반전은 없어도 된다고 생각합니다. 출판사가 요청해서 반전을 넣을 뿐입니다.

반전에서 가장 중요한 건 역시 낙차입니다. 독자의 착각과 밝혀진 진실의 낙차가 클수록 사람들은 놀랍니다. 반면 한심한 반전도 있습니다. 갑자기 등장인물의 성격이 변하는 경우죠. 예를 들어 성격과 행동이 단정했던 사람이 중요한 장면에서 갑작스레 범인으로 둔갑한다면 독자도 오히려 이입을 못 할 겁니다. 늦게 내는 가위바위보 같은 거죠. 그런 것보다는 복선을 잘 까는 게 더 낫습니다.

예를 들어 요코미조 세이시의 초기 작품에는 누가 범인이어도 되는 패턴이 있습니다. 어떤 사람이 범인이라도 놀랍지 않다는 소리죠. A가 범인이라고 생각했는데 B가 범인이라는 반전이 있어도 낙차가 느껴지지 않습니다. 그런 작품이 명작인 이유는 보여주는 방식이 교묘하기 때문입니다. 범인상에 의외성이 없더라도 재산을 노린 살인이라고 생각했는데 실은 전혀 다른 동기였음을 알게 되는 등 독자가 그려온 풍경과는 전혀 다른 풍경이 전면에 등장합니다. 그래서 놀라는 겁니다.

후던잇보다
와이던잇

역시 미스터리에서 중요한 요소는 동기입니다. 애써 배치한 반전으로 뜻밖의 사람이 범인임을 알아도 범인의 동기를 받아들일 수 없으면 독자로서는 뒷맛이 씁쓸합니다. 여기서는 두 가지가 중요합니다. 첫째, 독자가 전혀 예상하지 못한 동기 혹은 완전히 잊고 있던 동기여야 합니다. 둘째, 그 동기로 사람을 죽일 수 있느냐는 필연성입니다. 당연하죠. 별것도 아닌 일로 사람까지 죽였다고 독자가 느끼면 바로 흥이 깨집니다. 따라서 후던잇보다 와이던잇이 정말 필요한 요소입니다. 왜를 어떻게 사용하느냐에 따라 의외성은 얼마든지 만들 수 있습니다.

다만 신본격의 밀실 미스터리에 자주 등장하는 완벽한 퍼즐 게임 같은 작품이라면 일부러 부조리한 설정을 활용합니다. 여기서는 동기의 중요성이 전혀 다릅니다. 미스터리도 장르마다 특징이 있어서 다소 동기가 이상하더라도 트릭이 훌륭하면 성공하는 작품이 있는가 하면, 반대로 사실성에 뿌리를 두어 어정쩡한 동기로는 턱없는 미스터리도 있습니다. 생각을 바꾸면 그만큼 시야가 넓어진다는 뜻입니다. 그러므로 첫 단계에서 작품이 곧 어떤 미스터리라고 제시하면 배신감이 적겠죠. 출판사의 색깔이나 레이블에 따라서도 상당히 달라집니다. 예를 들어 도쿄소겐샤東京創元社에서 나오는 미스터리와 고단샤講談社에서 나오는 미스터리는 비슷한 듯 보이나 다릅니다. 작품을 쓰는 사람도 어떤 출판사에서 출간하는지에 따라 작품의 성격을 생각하며 씁니다.

문장에 긴장감을
주는 법

　문장의 긴장감은 앞으로 공모전에 응모하려는 사람이나 이제 막 신인이 된 사람, 미스터리를 쓰는 사람이라면 모두 품고 있는 고민일 겁니다. 조언하자면 일단 당신의 원고를 교정쇄로 보세요. 저는 늘 원고지와 같은 20자×20줄* 형태로 글을 쓰는데 교정쇄 형식일 때는 글의 인상이 달라집니다. 글이 완성되면 일단 원고를 교정쇄 상태로 만듭니다. 단행본을 펼쳤을 때 형태이니 43자×36줄 정도일까요. 20자×20줄 원고지로 쓸 때와는 긴장감이 전혀 다르다는 걸 알게 됩니다.
　교정쇄 상태로 보면서 한자 배열이나 줄 바꿈 같은 기술 등 여러 방법으로 긴장감을 연출할 수 있습니다. 한없이 문자만 계속되면 긴장감이 이어지지 않습니다. 반대로 액션 장면에서 효과음을 계속 넣는다고 해서 긴장감이 생기지 않습니다. 지문

* 국내에서는 20자×10줄을 주로 사용 − 편집자

과 대사의 비율이나 길이, 한자 주석을 달지 안 달지도 모두 긴장감과 관계가 있습니다.

물론 철칙은 없습니다. 다양한 작품을 읽어보면 알 수 있는데 작가마다 개성이 있고 똑같은 긴장감이라도 A 작가와 B 작가의 방식은 전혀 다릅니다. 그게 바로 작풍이자 그 사람의 문체입니다. 긴장감은 마치 호흡처럼 그 작가의 생리에서 비롯됩니다.

대개 데뷔 때의 문장과 세 작품쯤 썼을 때의 문장은 확연히 다릅니다. 작품을 여러 편 써보면서 긴장감을 내는 방법을 어느 정도 학습했기 때문입니다. 데뷔할 때는 아직 풋내기 작가라 과하게 쓸 때가 많습니다. 두 번째, 세 번째, 네 번째 작품을 써보면서 시간이 지나면 과한 문장들이 줄어듭니다. 여러 작품을 쓰다 보면 어떤 요소가 낭비인지 알게 됩니다. 낭비를 줄이면 긴장감이 생깁니다. 이것만은 작품을 직접 쓰지 않으면 모르는 일입니다.

또 문장 부호를 줄이면 긴장감이 생깁니다. 말줄임표(……)나 느낌표(!), 물음표(?) 같은 문장 부호는 편리하지만 사용할수록 긴장감이 줄어드는 건 확실합니다. 지금은 500장짜리 장편에서 느낌표나 물음표는 한두 번만 쓰려고 유념하고 있습니다. 말줄임표는 아무리 많이 써봤자 다섯 손가락에 꼽을 정도입니다.

한 문장의 길이도 긴장감에 영향을 줍니다. 지문은 교정쇄 상태로 볼 때 다섯 줄 정도로 제한합니다. 다섯 줄이라도 설명이 지나치지 않도록 조심하고 대사도 꼭 필요할 때가 아니면 세 줄 이내로 합니다. 내용에 따라 다르겠으나 대사도 지문도 더 길어지면 역시 긴장감을 반감시킵니다. 반대로 긴장감이 필요 없다고 판단될 때는 일부러 길게 씁니다.

기승전결로만 단순하게 생각했을 때 기승전결 각각에 적합한 긴장감 지속법이 있습니다. 독자가 여기서 긴장하면 좋겠다, 여기는 늘어져도 괜찮다는 작가의 의도가 있습니다. 그것을 문장 길이나 단어 사용으로 조정하는 겁니다. 그렇게 하지 않으면 독자는 작가의 의도대로 읽지 않습니다.

전체와 각 장의 '기-승-전-결'을 '기-승-승-전-결'로 하거나 '기-승-전-전-결'로 한다는 이야기는 앞서 했습니다. 저는 단위마다 저마다의 역할을 부여하고 완급을 전체적으로 균형 있게 배치하는 방법을 택합니다. 독자가 최대한 단숨에 읽기를 바라기 때문입니다. 정말 연구를 많이 합니다. 플롯을 작성할 때 독자가 단숨에 읽게 하고자 줄거리와 주제에 따라 저마다 다른 배치를 반드시 계산합니다.

　속도감을 주려고 짧은 문장이 끝날 때마다 매번 줄을 바꾸는 사람도 있습니다. 그러고 싶은 마음은 이해하나 오히려 긴장감이 생기지 않는 방법입니다. 사람이 긴장하는 것은 활과 마찬가지로 이완되었다가 당겨지기 때문입니다. 읽는 사람을 긴장시키려면 어디선가는 이완시켜야 합니다. 짧은 대사를 빠르게 늘어놓는 것도 한 가지 방법이기는 하나, 당길 때의 효과는 거의 사라집니다. 역시 교정쇄 형태로 읽으면 알 수 있는 효과입니다.

　한 문장이 긴 사람도 있습니다. 노사카 아키유키처럼 마침표 없이 길게 쓰는 사람도 있습니다. 그 사람의 스타일, 작가의 생리, 호흡에서 기인한 작풍입니다. A라는 내용을 a라는 스타일로 전하려면 자연스럽게 그런 문장이 되겠죠. 즉, 구성 요소를 어느 정도 의식해야 자기만의 문체를 확립할 수 있습니다.

　참고로 제가 20자×20줄 원고지로 쓰는 이유는 단순합니다. 계산하기 쉽기 때문이죠. 대체로 일반 문예는 소설 길이를 원고지 매수로 나타낼 때가 많습니다. 라이트 노벨이나 인터넷 투고 작가들은 10만 자나 15만 자 등처럼 글자 수로 따지죠. 그러므로 지금 소개하는 이야기가 그런 사람에게 도움이 될지는 모르겠습니다. 인터넷에 소설을 쓰는 분은 교정쇄로 보기보다 스마트폰 한 화면에 어떻게 보이는지를 생각하는 게 낫겠죠.

그러고 보니 과거에 유행했던 휴대전화 소설이 생각납니다. 책으로 나왔을 때 줄이 너무 자주 바뀌어서 공백투성이라 아주 휑했죠. 생각해보면 인터넷에서 출발한 소설이 책으로 발간되어도 시리즈로 발전하지 못하고 끝날 때가 많은 것도 그 때문일 수 있겠네요. 인터넷에서 읽기에는 최적인 형식이 서적이 될 때는 바로 불량품처럼 보이고 맙니다. 그러므로 인터넷에 쓰는 게 익숙해지면 종이 기반의 책은 쓰기 어려워질지 모릅니다. 거꾸로 일반 문예 작가가 SNS에 소설을 올리면 아마 독자도 읽기 힘들 겁니다. 틀림없이 서로 다른 문화일 테니까요. 작가가 장르를 선택하는 게 아니라 장르가 사람을 선택하는 겁니다.

어디서 쓰기 시작하느냐에 따라 그 사람의 작가 인생이 어느 정도 결정됩니다. 일반 문예를 목표로 하는 사람은 아무래도 인터넷에 발표해 발탁되기를 기대하기보다 신인상 공모에 응모하는 게 좋습니다.

나카야마 시치리의
문장 특징

저는 제 문장의 특징을 두 번째 작품을 쓰면서 이해했습니다. 일단은 쉼표(,)가 적습니다. 일반적인 일본어 규칙에 따르면 문장이 길어질수록 쉼표는 많아집니다. 저는 일부러 그 규칙을 깹니다. 앞서 말한 대로 긴장감을 유지하려는 목적이 있습니다. 일본어는 쉼표를 찍는 곳이 의외로 엄격하게 정해져 있는데 그걸 다 지키면 평범한 문장이 되고 말아서 일부러 쉼표를 찍지 않습니다. 그 정도는 허용되리라 생각합니다.

문장에 틈이 생기면 긴장감이 줄어들어 단숨에 읽는 데 걸림돌이 됩니다. 다만 너무 긴 문장이 이어지면 역시 긴장을 유지할 수 없어서 한숨 돌릴 대사를 넣습니다. 덧붙여 한자가 계속 나오면 눈이 피로해지므로 히라가나를 조금 더 늘립니다. 그리고, 그러므로, 그것, 저것 같은 접속사나 지시대명사는 많이 사용할수록 늘어지므로 역시 줄입니다. 한 페이지에 지시대명사가 두 개 있으면 다시 씁니다. 이렇게 최대한 줄이면 가장 적절할 때 지시대명사를 활용할 수 있습니다.

방점도 피하죠. 방점이란 여기에 주목하라는 뜻이죠. 제가 보기에 방점을 많이 사용하면 한심해질 뿐입니다. 독자를 주목하게 할 다른 방법을 쓰지 않고 방점만으로 해결하려 하기 때문입니다. 강조하고 싶은 문장이 있다면 도드라지도록 앞뒤 문장을 조정하면 됩니다. 이를테면 가타카나를 계속 쓰다가 어려운 한자를 쓰는 방법 등 다양한 방법이 있습니다.

작가가 쉽게 가고자 하면 방점이나 문장 부호를 자주 사용하게 됩니다. 작가가 괴로우면 괴로울수록 독자는 기쁘기 마련입니다. 작가가 쉬운 방법으로 편하게 가려 하면 독자는 지루하죠. 작가가 쓸 때 편해서는 절대 안 됩니다.

문장 부호의
적절한 활용법

좀 더 구체적으로 설명하겠습니다. 문장 부호는 사용하는 횟수에 따라 읽는 사람의 긴장과 이완을 어느 정도 조절할 수 있으므로 액션 장면에는 조금 사용합니다. 단, 그런 경우가 아니라면 문장 부호는 최대한 자제합니다. 문장 부호의 사용 방법으로 완급을 조절할 수 있습니다.

제 소설은 줄거리에 따라 말줄임표를 사용하는 작품과 전혀 사용하지 않는 작품으로 나뉩니다. 법정물, 예를 들어 『테미스의 검』에는 쓴 기억이 거의 없습니다. 반대로 음악 미스터리나 여운을 남기고 싶을 때는 일부러 등장인물에 말줄임표를 쓰게 합니다.

생각에 잠겨 있음을 나타내려고 대사에 말줄임표를 사용하는 사람도 많습니다. 하지만 캐릭터 조형이 부족하면 효과 없이 끝나고 맙니다. 말줄임표의 사용은 작가의 표현력 부족과 직결될 때가 있습니다. 말줄임표를 너무 많이 사용하는 사람은 일부러 문장으로 쓰지 않아도 독자가 알아줄 거라는 생각으로 쓰겠죠. 그러나 독자는 전문가가 아니므로 말줄임표만 계속되면 등장인물이 그저 침묵하고 있다고만 받아들일 겁니다.

  느낌표나 물음표도 다른 표현 방법이 있다고 봅니다. 문장 부호는 어차피 문장 부호입니다. 문장이 아닙니다. 원작이 만화라면 문장 부호를 많이 써도 괜찮습니다. 만화는 칸을 나누거나 캐릭터의 표정으로 표현할 수 있으니까요. 소설은 그럴 수 없습니다. 그런데 쓰는 사람은 표현을 생각하기보다 문장 부호를 쓰는 게 편해서 저도 모르게 쓰고 맙니다. 특히 글을 쓰기 피곤할 때 그러는 경향이 있습니다. 어느 날, 스스로 그런 경향이 있음을 깨닫고 의식적으로 다른 표현을 찾았습니다.

한자 음독 달기와
통일 문제

   등장인물의 이름을 한자로 쓸지 히라가나로 쓸지는 시각 정보로 판단합니다. 소리 내어 책을 읽는 사람이 거의 없으므로 음의 울림보다는 시각 정보를 우선시합니다. 사람 이름은 발음이 어렵더라도 상징적인 한자를 사용하는 게 더 효과적입니다.

   한자 음독 표기를 전체적으로 통일할지, 단어에 따라 달지 말지를 망설이는 분도 있을 겁니다. 출판사에 따라 엄격한 규정을 두고 통일을 요구하기도 합니다. 어쩔 수 없습니다. 그러나 최대한 작가가 원하는 방향을 주장하면 받아들여집니다. 또 교열 담당자가 지적한 부분은 반드시 지켜야 한다는 강제적 규칙이 아니라 어디까지나 조금 다른 방향을 제안하는 요청 사항입니다. 교열 담당자는 만일을 대비해 지적하는 게 일이니까요. 그러므로 '그냥*'이라고 써서 돌려보내도 그만입니다.

* 그대로, 즉 정정하지 않는다는 의미 – 옮긴이

덧붙여 교열 담당자의 지적을 어떻게 받아들여야 좋을지를 말해두겠습니다. 담당자가 지적한 교정지를 받았을 때 시키는 대로 고칠 게 아니라 또 다른 수정안을 내는 게 좋다고 생각합니다. 바로 쓰는 사람의 능력을 드러내는 부분입니다. 왜 A라는 지적을 했는지 생각해보면 지적된 곳보다 다른 부분에서 문제를 발견하기도 하므로 좀 더 신중하게 지적을 받아들이는 자세가 중요합니다.

제 소설이 아니라 다른 사람의 경우인데 최근 교열 담당자가 특히 예민하게 반응하는 부분이 있었습니다. 특정 질병이나 사상, 민족에 관한 기술에 관해서는 지적하는 부분이 늘고 있습니다. 이런 지적에는 귀를 기울입니다. 만약 작가의 사고방식이 여실히 드러날 가능성이 높은 장면이라면 전체적인 구성부터 다시 생각하는 게 깔끔하다고 생각합니다.

한 줄 띄우기를
이용하는 법

한 줄 띄우기는 대부분 시간 경과를 드러내고 싶을 때 사용합니다. 다른 예는 잘 생각나지 않습니다. 물론 한 줄 띄우기를 시간 경과 외에 사용할 때도 있는데 각각의 효과를 고려하며 사용해야 합니다. 문장 부호나 한 줄 띄우기를 많이 사용할수록 아마추어의 문장이 됩니다. 간혹 아마추어의 문장을 트릭으로 쓸 때도 있긴 합니다. 부스지마 시리즈에서는 그렇게 썼습니다.

일인칭과 삼인칭을
정하는 문제

　작품 속 화자의 시점을 일인칭으로 할지 삼인칭으로 할지는 트릭을 생각하면서 정합니다. 미스터리는 일인칭과 삼인칭의 사용 방법 자체가 트릭이 되니까요. 처음부터 마지막까지 일인칭으로 할지, 아니면 중간에 삼인칭을 넣을지도 트릭과 관련이 있습니다. 미스터리는 일인칭으로 진행되다가 삼인칭이 되기도 하고 삼인칭이라고 생각했는데 일인칭으로 바뀌는 장치를 반전으로 이용하는 작품도 있습니다.

　일인칭은 '믿을 수 없는 화자'라는 문제도 있죠. 애거사 크리스티의 작품에도 믿을 수 없는 화자가 등장합니다. 거짓말하지는 않으나 페어와 언페어의 아슬아슬한 경계선에서 숨길 건 숨기고 쓰는 방법도 있습니다.

　화자의 시점을 정하는 문제는 일단 직접 카메라를 든다고 이해하면 됩니다. 카메라가 향하는 곳만 묘사하는 시점은 일인칭입니다. 광각 와이드 렌즈로 찍은 풍경을 묘사하는 시점은 삼인칭이고요. 어느 쪽을 쓸지에 따라 시점은 대략 결정됩니다. 의식적으로 시점 결정 과정을 거치지 않으면 어디선가 문제가 생깁니다. 카메라를 그다지 신경 쓰지 않아도 되는 장르도 있습니다. 반대로 순문학은 작가의 생각을 제시해야만 하므로 살짝 특수 카메라가 필요합니다. 어쨌든 작품에 따라 사용하는 카메라는 한정되므로 그 점을 생각하며 써야 합니다. 그러지 않으면 전부 수정해야 하니 처음 플롯 작성 때 작품에 활용할 카메라를 결정하세요.

소설을 처음 쓰는 사람은 일인칭을 많이 쓴다고 합니다. 일인칭은 생각보다 상당히 어렵습니다. 그것을 모른다면 아마추어에 불과합니다. 일인칭은 들고 있는 카메라에 보이는 것만 써야 합니다. 카메라 사용에 익숙지 않은 아마추어는 어느 순간 카메라를 내던지고 하늘에서 내려다보는 시점, 즉 신의 시선으로 옮기고 맙니다. 그러면 정작 작가 본인은 잘못되었다는 것조차 깨닫지 못한 채 독자는 혼란에 빠지죠.

삼인칭은 신의 시점과 비슷하면서도 다릅니다. 그 점을 얼버무리는 사람이 많습니다. 역시 카메라 문제로 어디까지 묘사할지의 범위에 따라 일인칭인지 신의 시점인지가 달라집니다. 자세히 설명하자면 시간이 많이 필요한데 이것도 많이 읽어서 자기 안에 인풋을 축적하는 수밖에 없습니다.

　최근에는 삼인칭이 주인공인 시점이 많아졌습니다. 이 방법은 정리가 힘듭니다. 역시 처음에 카메라를 고정하고 쓰는 게 편하고 쉽습니다. 무엇이 옳고 그른지가 아니라 얼마나 이해하기 쉬운지의 문제일 뿐입니다.

　다多시점도 있습니다. 시점이 많아질수록 이야기의 다양성이 늘어나지만 이해하기는 어려워져 수습할 수 없을 때가 많습니다. 다시점은 500장 이상의 장편이라면 가능하겠으나 200장 정도에서의 시도는 무리일 듯합니다. 단편인데 시점을 세 개 이상 사용하면 소설이 엉망진창이 됩니다. 소설마다 장르마다 써야 하는 내용의 매수는 정해져 있고 그 매수에 따라 시점과 시점의 수도 정해집니다. 그 사실을 모르고 쓰면 다 소용없습니다. 읽는 순간, 종잡을 수 없다는 인상만 줍니다.

　아무래도 시점이 너무 많으면 이야기가 어디로 가는지 알 수 없어져 감정 이입이 어려워집니다. 독자가 끝까지 읽은 후에도 작가가 무엇을 쓰고 싶었는지 궁금증이 남기도 합니다. 정말 잘 쓰는 사람은 시점을 여러 번 바꿔도 이야기의 구성에는 변함이 없습니다. 정말 잘 쓰는 게 아니라 시점에 익숙지 않은 사람은 여러 시점을 채택하는 일만은 신중히 고려해야 합니다. 특히 아마추어의 작품은 어떤 시점의 등장인물인지와 상관없이 문체가 비슷하므로 누가 말하는 부분인지 알 수 없기도 합니다. 그래서 나눠 쓰는 연구가 필요합니다.

 다시점에서 많은 사람이 등장해 이야기가 진행되다 어느 순간 등장하지 않는 사람이 있어서 다 읽은 다음에 그 시점의 인물이 결국 어떻게 됐는지 복기하기도 합니다. 다시점으로 쓰고 싶은 사람은 사실 군상극을 쓰고 싶은 거겠죠. 그랜드호텔 형식이라고 할 수 있습니다. 그런데 마지막에 제대로 수습하지 못해 중심인물 한둘이 떠드는 걸로 끝나버리고 맙니다. 그랜드호텔 형식을 사용했다면 마지막까지 그랜드호텔 형식으로 끝나야 합니다.

설명보다
묘사

 글쓰기에 익숙지 않은 사람은 정경 묘사를 할 때 자주 실수를 합니다. 제가 드릴 수 있는 조언은 '설명하지 말고 묘사해'라는 한마디입니다. 예를 들어 어떤 거리에 관해 쓴다고 생각해보죠. '여기에 A가 있습니다', '저기에 B가 있습니다'와 같은 식이 아니라 '이 건물에서 이런 옷을 입은 사람이 나온다'라고 쓰면 계절이나 장소를 한번에 드러낼 수 있습니다. 읽는 사람의 마음에 어떤 상이 또렷하게 그려지지 않는 글쓰기는 한없이 늘어지는 설명일 뿐입니다. 덧붙이자면 상황 설명을 대사로 하지 말아야 합니다. 종종 자신이 처한 상황을 대사로 설명하려는 사람이 있습니다. 그것은 아주 오래전, 아라이 야스코가 고안한 방법으로, 그가 하면 재미있게 읽을 수 있는데 다른 사람이 하면 망하니까 쉽게 시도하지 마세요.
 등장인물의 성격은 오히려 대사로 표현하는 게 좋습니다. 지문에서 A라는 사람은 a 같은 성격이라는 식으로 쓰면 안 됩니다. 이 부분을 착각하는 사람이 많아서 이야기가 얄팍해지는 겁니다. 그러면 독자는 소설을 읽는 느낌이 아니라 요약 설명을 읽는 느낌을 받습니다.

묘사보다 설명이 많아지는 것은 쓰기 편하기 때문입니다. 그러나 말도 안 되는 소리입니다. 다시 말하지만 쓰는 사람이 고생할수록 읽는 사람은 좋습니다. 반대로 쓰는 사람이 쉽게 쓰려고 하면 읽는 사람은 아주 힘들어집니다.

리얼리티를 위한 연구

저는 종종 오감을 이용합니다. 일반적으로 소설에는 시각 정보가 많이 사용되고 냄새나 맛, 감촉은 거의 나오지 않습니다. 그러나 추운 겨울을 묘사할 때 "눈이 내린다"고 쓰는 것보다 "문득 온몸의 솜털이 곤두서 있었다"라고 쓰는 게 독자의 오감에 호소할 수 있습니다.

시각 정보뿐만 아니라 오감 전부를 활용해서 작품 속 세계를 표현하면 장면의 리얼리티가 한층 더 살아납니다. 냄새도 장소에 따라 전혀 다르기 십상입니다. 냄새만으로 장소를 특정할 수도 있습니다.

헬렌 켈러는 같은 장소라도 공기로 낮인지 밤인지를 알아챕니다. "밤에는 밤의 공기가 있다. 낮에는 낮의 공기가 있다"라고 쓰면 리얼리티를 얻을 수 있죠. 시각 정보만 쓰면 읽는 사람이 힘듭니다. '봤다'라는 단어가 계속 나올 테니까요. 'ㅇㅇ한 냄새가 났다' 혹은 'ㅇㅇ한 감촉이 느껴졌다' 같은 표현을 쓰면 감각이 다양해져 독자도 마치 그 자리에 있는 듯한 리얼리티를 얻을 수 있습니다. 그래서 저는 최대한 오감을 구사하는 글을 쓰려고 합니다.

대화문에서
주의할 점

너무 설명적이지 않고 속도감 있는 대화문을 만들려면 어떻게 해야 할까요. 대화가 이어지는 장면에서는 종종 누가 하는 말인지 모를 때가 있습니다. 저는 지방 사람을 등장인물 가운데 한 사람으로 넣는 방법을 자주 사용합니다. 혹은 말투가 아주 특징적인 사람을 넣기도 합니다. 다만 모두 캐릭터와 관련이 있는 설정이어야 합니다. 그러지 않으면 미봉책에 불과합니다.

역할 언어라는 것이 있습니다. 노인이 하는 말에는 끝에 "~한다네"라는 말을 쓰고 여성은 "~요"를 쓰는 식입니다. 요즘에는 그렇게 말하는 사람이 없다는 지적을 받기도 합니다. 하지만 소설에서는 과거 여성의 말투가 읽기 쉬울 때도 있어 대놓고 부정할 수는 없습니다. 어미를 활용해 화자를 특정하는 것이 가장 분명합니다. 덧붙이자면 A라는 사람은 오직 a처럼 말할 때도 있습니다. 예컨대 절대로 주저하지 않는 캐릭터라면

"~일까?" 혹은 "~야?"라고 의문 부호로 끝나는 대사는 하지 않겠죠.

또 다른 설정은 지문입니다. 'A는 이렇게 말했다', 'B는 저렇게 말했다'라는 문장을 되풀이하면 단조로워지므로 다양한 표현을 떠올려야 합니다. 과거에는 '여기서 A는 담배를 피웠다' 혹은 '연기를 내뱉고 B라고 말했다'라는 묘사를 많이 활용했습니다. 그러나 요즘은 담배를 피우는 자체가 터부시되어 다양한 방법을 씁니다. 무엇보다 독자가 질리거나 짜증 나지 않도록 하는 게 작가의 능력입니다. 물론 제가 그런 묘사에 능숙하다는 소리는 아닙니다. 기술을 쓰지 않고 대사만 나열하면 독자가 읽기 힘들어진다는 말입니다.

제가 등장인물로 지방 사람을 둔다고 했으니 사투리에 대해 언급하겠습니다. 작품에서 오사카와 미야기 사투리를 쓴 적이 있습니다. 그런데 원어민의 말과 가까워질수록 대화를 문장으로 바꾸면 이해하기 힘들어집니다. 작품에서는 얼마나 표준어에 가까운 사투리로 할 것인지에 대한 적절한 선이 필요합니다. 물론 아쿠타가와상을 탄 와카타케 치사코의 『나는 나대로 혼자서 간다』처럼 작품 전체에 리드미컬한 사투리를 적절히 쓴 멋진 작품도 있습니다. 그러나 그건 순문학이라 재미있는 것이고 엔터테인먼트 소설에서는 매우 어렵습니다. 단순한 사투리가 아니라 그렇게 보이도록 만들어야 합니다. 소설은 언어학 강의가 아니므로 정확하지 않아도 됩니다. 조금 틀리더라도 소설이 목적하는 바가 달리 있다면 사투리는 조금 조정해도 괜찮습니다.

액션 장면의
묘사

글쓰기에 익숙지 않은 사람에게 어려운 묘사 중 하나는 움직임이 있는 장면입니다. 예를 들어 액션 장면입니다. 등장인물이 어떻게 몸을 움직이고 대상물과 어떤 위치 관계에 있는지가 설명처럼 느껴지지 않게 쓰려면 어떻게 해야 할까요.

저는 신체 근육 전부를 이용합니다. 예를 들어 팔을 뻗으면 어디에 닿아 이런 통증이 전해진다거나 그 통증의 전달 방식에서도 손가락 끝부터 뇌수까지 관통했다는 식으로 오감에 호소해 씁니다. 이것이 곧 묘사입니다. 단순히 부딪혔다거나 아프다는 것이 아니라 어떤 통증이 어떤 경로로 어디까지 도달했다고 묘사하면 독자도 등장인물의 아픔을 좀 더 분명하게 느낄 겁니다.

하지만 움직임의 묘사가 너무 설명적이면 생동감이 전해지지 않습니다. 묘사를 설명적으로 쓰는 사람은 아마도 만화를 의식하기 때문일 겁니다. 만화는 액션 장면을 위에서 아래로,

가로에서 비스듬하게, 다양한 각도로 써도 되는 장르입니다. 만화에서 활용하는 방법을 문장에 그대로 적용하려면 설명적인 문장이 되고 맙니다. 글로써 움직임을 묘사할 때 가장 쉬운 방법은 카메라를 고정하는 겁니다. 고정한 후 렌즈를 줌 혹은 와이드로 설정하면 문장으로 바꿀 때 이해하기 쉽습니다.

폭력 묘사에서
조심할 점

　폭력 장면 묘사는 아슬아슬하게 경계 밖을 노립니다. 아슬아슬하게 경계 안에 있으면 독자가 지루해하며 얼른 읽고 넘겨 버리니까요. 읽는 사람의 한계를 살짝 넘어야 모두 만족할 수 있습니다. 상상하니 잠들지 못했다 정도로 느끼면 좋습니다. 『연쇄 살인마 개구리 남자』나 『왈츠를 추자』도 마찬가지입니다. 일단 상상하면 잠들지 못하는 정도가 딱 좋습니다.
　단, 폭력 가운데서도 웬만한 이유가 있지 않는 한 성폭력은 다루지 않습니다. 어떤 필연성이 있다면 모르겠으나 특별한 의미 없이 성폭력을 넣거나 주인공이 트라우마를 겪는 이유로 쓰는 것은 너무 얄팍한 방법입니다. 성폭력도 물론 범죄이므로 미스터리에 활용하기 좋지만 이야기에 어울리는 의미가 없는 한 작품의 질을 떨어뜨릴 뿐입니다. 범죄와 트릭이 융합하지 않으면 독자에게 불쾌감을 줄 뿐입니다. 독자가 느낀 불쾌감은 나중에 해소되는 게 아니라서 작품을 읽은 후에도 남아 뒷맛만 씁쓸해집니다. 아예 뒷맛이 씁쓸하도록 쓰는 거라면 괜찮습니다. 다만 그러한 목적으로 쓰는 사람은 적겠죠.

아마 낡은 관성에 따라 등장인물로 나쁜 남자를 끌어들이거나 불행한 가정을 다루고 싶다는 이유로 성폭력을 이용하는 사람이 많을 겁니다. 인간의 악랄함이나 가정의 불행을 드러내는 다른 표현 방법도 많습니다. 가장 손쉬운 방법을 이용하면 작품이 싸구려처럼 보일 위험성이 있습니다. 필요하지도 않은 요소를 넣는 것은 단순히 원고지 분량을 늘리는 행위일 뿐입니다.

액션 장면도 마찬가지입니다. 미국의 하드보일드 같은 작품이라면 몰라도 액션은 정말 생선회의 곁들임 채소 같은 요소일 뿐입니다. 곁들임에 불과하므로 제대로 악센트 역할을 하도록 산뜻하게 씁니다. 『연쇄 살인마 개구리 남자』에서는 오히려 집요할 정도로 기분 나쁜 장면을 길게 넣었습니다. 당시에는 신인상을 응모하면서 독창성이 없으면 안 된다고 생각했기 때문입니다.

연주 장면의
주요점

『연쇄 살인마 개구리 남자』는 개성을 드러내려고 폭력 장면을 집요하게 썼습니다. 동시에 응모한 『안녕, 드뷔시』는 음악 장면에 신경을 썼습니다. 이 책이 수상한 이유 중 하나는 단 한 곡의 협주곡을 통째로 묘사한 미스터리가 지금까지 없었다는 점입니다. 다들 음악을 묘사할 때 '유려한 선율이 들렸다' 정도의 한 문장으로 끝내는 편인데, 저는 굳이 원고지 25장에서 40장에 걸쳐 썼습니다. 이 역시 개성을 드러내기 위해서였습니다. 또 묘사 능력을 보여주고 싶었습니다.

음악을 묘사하는 표현은 간단했습니다. 음악 장면을 쓸 때는 우선 그 곡의 연주 장면을 동영상으로 봅니다. 동영상으로는 피아노 건반 위의 손가락 움직임을 볼 수 있습니다. 손가락이 움직일 때는 가운뎃손가락이 가장 많이 움직이니까 그 손가락이 제일 힘들겠다거나 연주자는 연주할 때 어떤 생각을 할지, 음악의 클라이맥스에서는 연주자도 틀림없이 흥분했겠지 하는 식의 생각을 전부 캐릭터에 맞춰 상상해 씁니다.

　음악은 실제로 연주하는 사람에 따라 달라집니다. CD로 듣거나 DVD를 보면서 알게 된 연주자에게도 저마다 개성이 있다는 사실을 힌트 삼아 개성을 살린 캐릭터를 만들고 틀림없이 이 구절에서 그가 힘을 주리라 생각합니다. 저는 피아노를 친 적이 없으므로 전부 상상일 뿐입니다. 그러면 누군가는 피아노도 못 치면서 어떻게 쓸 수 있는지 묻곤 합니다. 애당초 다들, 사람을 죽이지 않고 미스터리를 쓰는 것 아닌가요? 농담입니다. 상상력, 문장력, 구성력, 이렇게 세 가지만 있으면 뭐든 쓸 수 있다고 생각합니다.

효과적인 비유의
사용 방법

잘못된 비유는 전혀 쓸모가 없습니다. 비유는 글로 직접 전달할 수 없는 의미를 전하는 수단입니다. 감촉이나 냄새처럼 언어화하기 힘든 것도 비유를 이용하면 가능합니다. '달군 프라이팬에 직접 손을 댄 느낌이었다'처럼 감각에 호소하는 비유를 생각해보세요.『안녕, 드뷔시』에는 화상 흉터가 있는 여자아이가 등장합니다. 저는 실제로 가스레인지에 불을 켜고 손가락을 대보고 여자아이에 대해 썼습니다. 그렇게까지 하지 않아도 일상에서 어딘가에 부딪히거나 뭔가를 만지는 등 다양한 감각을 경험할 것입니다. 저는 작품을 쓸 때 제 경험을 총동원합니다. 직접 경험한 것을 활용하면 비유가 아주 쉬워집니다. 서랍장 모서리에 발가락을 찧었을 때의 감각을 잘 기억해두세요.

시대 배경을 구분할 때
가장 중요한 점

쇼와(1926~1989), 헤이세이(1989~2019), 레이와(2019~) 시대를 구분할 때 가장 조심해야 하는 게 전화입니다. 부재중 전화와 삐삐, 무거운 숄더폰*이 등장하고 얼마 후 휴대전화가 유행한 데 이어 스마트폰이 필수가 됐습니다. 이러한 흐름은 우리 생활에 밀착된 현상입니다. 전화가 발전하는 양상만 표현해도 시대를 알 수 있습니다. 참고로 스마트폰이 나온 탓에 미스터리는 쓰기 힘들어졌습니다. 그 덕분에 조금 특이한 상상력을 지닌 작가는 통신이 이루어지지 않는 곳이나 우주처럼 전파가 닿지 않은 곳에서 살인을 일으킵니다.

건물도 시대를 반영합니다. 거품 경제 붕괴 이후 일본의 건축 기술은 크게 바뀌었습니다. 이전에는 꽤 화려하게 건물을 짓는 한편으로 부실 공사가 종종 이루어졌습니다. 실제로 상당한 맨션에서 결함이 발견됐습니다. 회사에 근무할 때 건축 관

* 자동차용 휴대전화 — 옮긴이

련 일을 다룬 덕분에 맨션 준공 연월일만 보고도 맨션의 대략적인 상태를 가늠할 수 있습니다. 맨션 계단이 돌인지 금속인지, 또 엘리베이터 버튼 모양으로도 시대를 알 수 있습니다. 그 밖에도 유행하는 옷이나 음식에도 시대 색깔이 드러나죠. 다만 지나치게 쓰면 이야기가 옆길로 새므로 살짝만 건드립니다.

덧붙이자면 의식주로 다양한 걸 표현할 수 있습니다. 예를 들어 맨션 벽에 금이 가 있다거나 유리가 흐려져 있다는 표현으로 시간의 경과를 드러낼 수 있습니다. 음식이라면 덮밥 가게에 가는 사람과 호텔 라운지에서 식사하는 사람은 지갑 사정이 다르겠죠. 먹는 음식으로도 인물의 경제 사정을 드러낼 수 있습니다.

현대적인 느낌을 주려면 SNS가 있겠죠. 최근 인터넷 범죄와 사이버 범죄와의 전투 같은 이야기를 썼습니다. SNS와 미스터리는 친화적이지 않다는 것을 글을 쓰면서 알게 됐습니다. 인터넷 공간은 실생활이 아닙니다. SNS 세계와 현실 세계는 가까운 듯하나 사실 아주 멀리 떨어져 있습니다. 제가 미숙해서 그런지 몰라도 둘을 융합시키는 게 정말 어렵습니다. 잘 융합시키려면 아무래도 특수한 설정이 있는 사건 정도 아닐까요.

하루에 원고지
25장을 쓴다

하루에 반드시 원고지 25장을 씁니다. 이틀이면 50장입니다. 50장이면 소설 잡지 1회 연재 분량입니다. 즉, 이틀에 1회 분량을 쓰는 겁니다. 시간당 분량을 정해두면 여러모로 계산이 편리합니다. A라는 소설의 연재 마감은 앞으로 며칠 남았으므로 이날과 이날은 다른 출판사 원고를 쓰자는 식으로 계획을 세울 수 있습니다.

물론 매일 반드시 25장을 쓴다는 건 아닙니다. 플러스마이너스 3장이죠. 최종적으로는 연재 1회 분량 50장에서 플러스마이너스 5장 범위 안에서 마무리합니다. 출판사가 요청한 50장보다 모자라도 웃으며 용서해줄 수 있는 분량이 40장까지입니다. 35장이면 조금 부족하다는 말을 듣고 30장이면 출판사도 용납할 수 없는 상황이죠. 소설 잡지는 기본적으로 전체 매수가 정해져 있어서 연재 매수가 부족하면 담당자는 광고를 새로 넣거나 조정하는 수고를 해야 합니다. 당연히 괜한 고생이죠. 제가 50장 플러스마이너스 5장 범위 안에서 정리해야 상대가 편합니다.

저는 작품을 쓸 때 흥이 올라 술술 쓰는 유형이 아닙니다. 컨디션의 좋고 나쁨도 없습니다. 어떤 장면을 쓰더라도 제 감정 상태는 일정합니다. 사체를 발견하는 장면이든 액션 장면이든 혼자 고민하는 장면이든 트릭을 푸는 장면이든 똑같은 감정 상태라 쓰는 속도도 다르지 않습니다.

흥이 올라 잔뜩 쓴다거나 흥이 오르지 않아 쓸 수 없다는 것은 있을 수 없다. 그런 느낌입니다. 생각해보세요. 직장인이 오늘은 기분이 나빠서 일하고 싶지 않다고 말하는 것이나 마찬가지잖아요. 작가 본인은 예술 작품을 만든다고 생각할지 모르나 원고를 받는 편집자와 인쇄소 직원들은 일정이 늦춰지면 곤란할 뿐입니다. 본인의 원고가 수많은 사람의 일정과 직결되어 있으므로 기분으로 일하지 말라는 소리입니다. 저는 사반세기 이상 직장인으로 살아서 그런지 몰라도 일반 회사로 바꿔 말하면 기분에 따라 업무량과 질이 달라지는 것 역시 말도 안 된다고 생각하게 됩니다.

저 역시 마감을 맞추지 못한 적이 있습니다. 그럴 경우에는 반드시 편집자에게 미리 "마감을 속여주세요"라고 부탁합니다.

"진짜 마감이 20일이라면 제게는 10일이라고 해주세요"라고 말이죠. 그렇게 가짜 마감을 설정해두면 늦어지더라도 치명적인 상황으로 이어지진 않습니다. 다행인지 불행인지 마감에 늦어 원고를 싣지 못한 일은 한 번도 없었습니다. 겨우 마감에 맞추는 생활을 계속하고 있죠.

소설가는 혼자 일한다는 이미지가 강합니다. 실은 편집, 인쇄, 교열, 디자인, 광고, 배본, 서점에 이르기까지 많은 사람이 관련되어 있습니다. 작가가 게으름을 부리면 수많은 관계자에게 폐를 끼치게 됩니다. 마감을 놓치는 사람 이야기를 들은 적 있는데 이토록 많은 사람에게 피해를 준다는 생각에 놀랄 뿐이었습니다. 저는 관계자들에게 피해를 주지 말자는 점을 마음에 새기며 마감을 맞추고 있습니다. 게다가 마감을 여러 번 놓쳐 일이 오지 않을 때를 생각하면 너무 무섭습니다. 그래서 편집자에게 "마감을 속여주세요"라고 부탁하는 겁니다.

가짜 마감에 속고 있다는 걸 알아도 진짜 마감은 아직 다가오지 않으니 괜찮다며 마음을 놓는 일은 없습니다. 어쨌든 한 달에 여덟 건의 연재가 있으므로 긴장감은 매달 30일 내내 이어집니다. 그래도 즐겁습니다. 이렇게 말하면 불손하게 들릴지 모르겠네요. 전 지옥을 즐기는 유형입니다. 편하고 싶은 마음은 전혀 없습니다. 괴로우면 괴로울수록 즐겁습니다.

저는 기본적으로 게으른 사람입니다. 일단 한번 풀어지면 한없이 게을러진다는 사실을 잘 알고 있죠. 자신을 몰아붙이지 않으면 다른 사람처럼 일할 수 없다는 것도 자각하고 있습니다. 그래서 다른 사람보다 더 연재를 잔뜩 안고 있습니다. 무리하거나 강행하지 않으면 아마도 게으름을 부릴 거라 그게 더 두렵습니다.

직장인으로 일할 때 딱 한 번 게으름을 피운 적 있습니다. 그때 정말 심각했습니다. 물론 회사 조직에서 개인이 게으름을 부린다고 조직 전체에 그리 큰 영향을 줄 리는 없습니다. 그러나 작가로서의 일은 제가 게으르면 이후의 공정에 관여하는 사람들에게 문제가 발생합니다. 그러므로 게을러지고 싶은 마음이 들면 직장인 시절에 꾀병을 부렸을 때를 떠올리고는 합니다. 여기서 게으름을 부리면 끝이라고 다독이며 자신을 몰아붙입니다.

집필 환경

집필 공간에서는 의자만큼은 좋은 걸 쓰고 책상은 니토리*에서 사서 씁니다. 컴퓨터도 평범한 노트북을 씁니다. 사무실과 집을 오가며 쓰기 위해서입니다. 하지만 노트북 화면으로 작업하면 너무 작아서 집과 사무실에 이십몇 인치 모니터를 두고 있습니다. 여행을 가서 원고를 쓰기도 합니다. 온천에 가더라도 원고는 틈틈이 계속 쓰기 때문에 사무실과 집을 오가는 패턴과 그리 다르지 않습니다.

글을 쓸 때는 언제나 헤드폰을 쓰고 음악을 듣습니다. 영화 음악, 애니메이션 주제가, 1970~1990년대 히트곡, 클래식, 재즈까지 듣습니다. 우에키 히토시**부터 테일러 스위프트까지. 좋아하는 음악도 좋아하지 않는 음악도, 음악이 흐르고 있으면 졸 수 없기 때문입니다. 그래도 졸리면 에너지 드링크를 마시며 씁니다.

* 일본의 이케아로 불리는 최대 규모의 가구, 인테리어 유통 회사 — 옮긴이
** 일본의 배우, 코미디언이자 가수 — 옮긴이

팔리는 제목과
팔리지 않는 제목

　독자에게 어필하는 제목, 어필하지 못하는 제목이라는 게 있습니다. 예전에는 한때 『하얀 불꽃』처럼 완전히 다른 성질의 단어를 붙인다는 법칙이 유행했습니다. 이제는 그것도 한물가서 요즘은 내용을 단숨에 알 수 있는 제목을 가장 선호합니다.

　제 작품 가운데 다른 사람이 제목을 붙여준 것은 『연쇄 살인마 개구리 남자』와 『속죄의 소나타』 두 작품뿐입니다. 그 외 작품의 제목은 전부 제가 생각했습니다. 스스로 생각한 작품 가운데 가장 알기 쉬운 제목은 『총리가 된 남자』일 겁니다. 제목만 보면 내용을 다 알 수 있잖아요. 『인면창 탐정』도 마찬가지고요.

　제목을 정할 때는 제목만 봐도 읽고 싶어지는지 신중하게 생각해야 합니다. 제목은 그 소설의 얼굴입니다. 책도 외모가 90퍼센트라는 말입니다. 제목은 너무 길면 안 됩니다. 독자의 뇌리에 또렷하게 남는다면 짧은 제목도 괜찮습니다. 어쨌든 작품을 다 읽은 후 제목을 보고 연관성을 떠올릴 수 있는 경우가 제일 좋습니다.

제 소설에서 편집자가 제목을 붙인 작품은 두 작품이라고 했죠. 「이 미스터리가 대단해!」 대상에 응모했던 『연쇄 살인마 개구리 남자』의 원 제목은 『재해의 계절』이었습니다. 다카라지마샤에서 발간하기로 했을 때 편집자가 내부에서 논의한 결과 아무래도 제목은 『개구리 남자』가 적당하다고 말했습니다. 그 말을 듣고 너무 직설적이라고 생각했습니다. 하지만 곧바로 직설적인 게 오히려 재미있다는 걸 깨달았습니다. 게다가 신인 작가가 낸 두 작품의 제목으로 하나는 『안녕, 드뷔시』, 다른 하나는 『연쇄 살인마 개구리 남자』라면 낙차가 아주 심해 보여 좋을 듯했습니다. 일단 둘 다 잘 팔려야 하니까요.

『속죄의 소나타』도 편집자가 결정한 제목입니다. 저는 「미코시마 변호사의 ○○」 같은 제목을 생각했습니다. 그런데 제가 음악 미스터리로 데뷔했으니 역시 제목은 음악과 관련된 게 좋다고 편집자가 제안했습니다.

시리즈의 제목은 매번 시리즈와 어울리는 단어를 골라야 한다는 규칙이 있습니다. 미사키 요스케 시리즈는 『안녕, 드뷔시』 『잘 자요, 라흐마니노프』 『언제까지나 쇼팽』 등으로 짓고,

미코시바 레이지 시리즈는 『속죄의 소나타』 『추억의 야상곡』 『은수의 레퀴엠』이라는 법칙성이 있습니다.

자신이 제목을 정하는 작가도 몇 가지 후보를 놓고 편집자에게 어떤 것이 가장 좋은지 묻는 경우가 많다고 합니다. 저는 머릿속으로 플롯을 작성할 때 제목을 미리 정해놓습니다. 제목을 정해놓지 않으면 플롯을 풀 때 이상해지기 때문입니다. 완벽하게 완성한 플롯이 있다면 제목은 당연히 이거다 싶은 게 나오니까요.

단행본이 잘 팔리지 않아서 문고판을 내며 제목을 바꿀 때도 있습니다. 그런 경우를 보면 제목이 매력적이지 않아서 실패했다고 생각합니다. 실패한 예를 보면서 제목으로 기피해야 하는 유형을 알게 됩니다. 멋진 척하는 제목이나 사자성어, 쓴 사람만 알고 독자에게는 친절하지 않은 제목 같은 것들입니다.

세상에 나오는 소설 제목의 70퍼센트는 편집자가 생각한다는 말을 들었습니다. 역시 편집자가 잘 팔리는 제목을 잘 알 겁니다. 반대로 말하면 작가에게 자기애 같은 방해 요소가 많을수록 결국 이상한 제목을 붙이고 맙니다. 저는 그런 방해 요소가 전혀 없어서 독자가 쉽게 손을 뻗을 수 있는 혹은 흥미를 쉽게 갖는 제목이 뭘지 직접 생각합니다. 작품을 다 읽고서도 그 제목을 받아들일지 생각합니다. 그게 제일 중요합니다.

엔터테인먼트에는 상대방을 대접하는 마음이 필요합니다. 특히 대중 소설은 대중이 좋아해주는 게 최고니까요. 그러므로 편집자가 반대하는 제목이라면 편집자를 믿고 고집부리지 않는 게 좋습니다.

디자인·띠지·개요는
편집자에게 맡긴다

소설의 제목은 대부분 제가 직접 붙이지만 디자인만큼은 온전히 편집자에게 맡깁니다. 편집자는 책을 파는 전문가니까요. 저야 소설을 쓰는 전문가이지 책을 팔아본 적은 없으므로 아마추어가 참견하면 안 된다는 사실 정도는 압니다.

물론 디자인 아이디어를 내는 사람도 있습니다. 물론 아이디어를 내는 정도는 관심을 드러내는 것이니 좋을 수 있습니다. 책을 팔고 싶지 않다면 그것도 그 사람 책임이니까요. 저는 소설을 쓰는 일까지는 제 책임이고 책을 파는 일은 전적으로 편집자에게 맡기는 스타일입니다. 그게 가장 건전하다고 생각합니다.

띠지 문구나 줄거리 소개도 편집자에게 다 맡깁니다. 작가가 참견하지 않으면 편집자도 자신이 원하는 대로 할 수 있으니 훨씬 자유롭습니다. 어떻게 해야 책을 잘 팔 수 있을지 폭넓게 생각할 수도 있죠. 편집자도 그게 더 좋을 겁니다.

캐릭터 조형의
핵심

　주인공은 독자가 감정 이입하기 쉬운 캐릭터여야 한다고 했습니다. 감정 이입이라는 단어가 적합지 않다면 감정이 끌리기 쉬운 캐릭터라고 생각하면 됩니다. 제 경우에는 캐릭터를 만들 때 반드시 결함 요소를 넣습니다. 전능한 사람이 아니라 어딘가 하나쯤 부족한 부분이 있는 사람을 만들죠. 인간은 누구나 자기만의 이상적인 모습이 있고 그 이상을 이루고자 자신에게 부족한 점이나 열등한 부분을 극복하려고 합니다. 부족한 부분을 보완할지 다른 부분을 성장시킬지 극복하는 방법은 저마다 다릅니다. 저는 극복 과정에 있는 사람을 캐릭터로 쓰면 감정 이입이 쉬운, 혹은 매력적으로 보일 거라고 데뷔 전부터 생각했습니다.
　또 기본적으로 용감무쌍하고 모든 것을 겸비한 주인공 캐릭터는 재미없다고 생각합니다. 아마 많은 독자가 여기에 큰 이견이 없을 듯합니다. 결점을 가진 인간이 주인공인 소설을 읽으면 독자도 읽는 내내 응원하거나 관심을 갖게 되기 마련입니다. 다시 말하지만 되도록 주인공이나 조연은 어딘가 부족한 사람을 쓰는 경향이 있습니다.

작품 캐릭터
조형의 예

제일 처음 「이 미스터리가 대단해!」에 응모했을 때 심사위원에게 "캐릭터화에 좀 더 신경 써야 한다"라는 말을 들었습니다. 매력적인 주인공이 뭘지 생각해보니 역시 호감은 가는데 부족한 면이 있는 사람의 이미지가 떠오르더군요. 그래서 다음에 쓴 『안녕, 드뷔시』의 주인공 미사키 요스케는 명석한 두뇌에 수려한 외모를 지닌 신사에 온화한 성격이나 돌연성 난청을 앓고 있다는 문제를 넣었습니다. 그 돌연성 난청이 중요한 요소가 되려면 주인공이 음악 관계자여야 한다고 생각해 캐릭터를 만들었습니다.

『속죄의 소나타』 시리즈의 주인공 미코시바 레이지는 악랄한 변호사입니다. 소년 범죄를 저지른 과거도 있죠. 이는 실제 사건이기도 합니다. 어릴 때 친구를 살해한 소년이 커서 변호사가 되었는데 그분은 이미 변호사를 그만두었습니다. 그 이야기를 들었을 때 그 사람이 계속 변호사로 일했다면 어떤 변호사가 되었을지 생각했습니다. 비슷한 시기에 일어났던 고베 연속 아동 살상 사건*도 포함해 어릴 때 저지른 잘못의 속죄는 어떤 것일지 생각했더니 이야기가 절로 나왔습니다. 인간미가 없고 악랄하고 돈밖에 모르나 사실은 일말의 인간성을 지닌 인물이 주인공 캐릭터로 떠올랐습니다.

언젠가 인간의 매력에 관해 "말도 안 되는 악당인데 아주 사소한 선의를 발견하면 거기에 끌려"라는 말을 들은 적이 있습니다. 그 말을 한 사람은 여성이었습니다. 제가 보기에 그런 남자는 그냥 쓰레기일 뿐이나 그렇게 느낄 수도 있겠다고 생각했습니다. 평소 저는 정말 훌륭한 사람인데 순간 흉악한 얼굴을 드러내는 인간을 더 매력적으로 느낍니다. 그 여성의 발언을 듣고 캐릭터 조형에 이용하면 좋겠다고 생각했죠. 이후 여러 사람과 대화를 나누면서 의외의 면을 일부 드러낼 때 매력적이라고 생각하는 사람이 많다는 걸 알게 되었습니다.

『살인마 잭의 고백』부터 시작되는 시리즈는 이누가이 하야토라는 형사가 주인공입니다. 수사는 잘하는데 사생활은 엉망이라 이혼을 두 번이나 했죠. 유일한 약점은 딸입니다. 딸이 간

* 1997년 효고현의 만 14세 중학생이 초등학생 두 명을 살해하고, 세 명에게 중경상을 입힌 사건 - 옮긴이

질환으로 입원해 간 이식을 기다리고 있다는 설정을 만든 단계에서 의료 경찰 미스터리라는 분야가 탄생했습니다. 저는 옛날 사람이라 가도카와KADOKAWA의 의뢰라는 말에 일단 가도카와쇼텐이라는 단어와 요코미조 세이시와 모리무라 세이이치가 떠올랐고 바로 두 작가의 분위기를 이용하자 마음먹었습니다. 결국 무시무시하면서도 사회성 있는 시리즈가 탄생했습니다.

『작가 형사 부스지마』의 예를 들어볼까요? 이 작품은 아주 간단합니다. 겐토샤幻冬舍가 "나카야마 씨를 주인공으로 써주세요"라고 했습니다. 그런 바보 같은 일이 있었다니까요. 작가와 형사는 물과 기름 같은 존재이기는 하나 추리한다는 점은 유일한 공통점이라 작가와 형사를 겸업하면 재미있는 이야기를 쓸 수 있겠다고 생각했죠. 그때는 데뷔하고 상당히 시간이 흘러 문단이란 일반 사회와 다른 상식이 있고 온갖 잡귀가 날뛰는 흥미로운 세계임을 알고 있었습니다. 그런 세계에서 범죄가 일어나면 형사가 싫어하겠죠. 그런데 조사해보니 공무원은 겸업 금지 조항이 있더군요. 그렇다면 일단 경찰을 그만두고 재고용된 인물로 하자고 생각했습니다. 부스지마의 인물 조형의 조건으로 저를 모델로 쓰라고 했으니 미남이거나 성격 좋은 사람으로 쓸 수는 없잖아요? 저도 제 성격을 아니까 제 단점, 싫은 점을 캐릭터로 만들어 썼습니다.

『비웃는 숙녀』는 악녀 이야기입니다. 당시 악행을 저지르며 일본 전역으로 도망 다니던 여성이 있었습니다. 후쿠다 가즈코라는 사람이었습니다. 그녀를 더 영리하게 만들면 주위에서 범죄 자체를 모를 것 같았습니다. 그래서 죄를 저지르는 데 어떤 주저도 저항도 없는 인간을 고안해냈습니다. 그때까지는 피카레스크 소설을 써본 적이 없었습니다. 아름답고 똑똑한 악녀가 이토록 나쁜 짓을 저지르면 모두가 엄청나게 화를 내리라 예상했죠. 이 경우도 미모와 두뇌를 다 갖추고 유일하게 윤리관만 없는 주인공을 만들었습니다.

『히포크라테스 선서』 시리즈를 쓸 때는 여성을 주인공으로 한 특수 직업 미스터리라는 요청을 받았습니다. 보통 경찰이나 검사를 생각하기 쉬운데 그런 종류의 소설은 이미 있었습니다. 똑같은 걸 쓸 수는 없어 뭔가 다른 게 없을까 고민하다가 부검의를 선택했습니다. 얼마 후에 〈언내추럴〉이라는 드라마가 방영을 하기 전까지는 거의 없던 캐릭터였습니다. 플롯을 쓰고 바로 통과되면 좋겠다고 생각하다 문득 제가 의학은 아무것도 모른다는 사실을 깨달았습니다. 그래도 학생 때 법의학 책을

155

사서 읽어본 적은 있습니다. 활자라면 뭐든 즐겨 읽어서 소설뿐만 아니라 육법전서나 철도 안내, 음악 관련 서적까지 관심도 없는 온갖 글을 읽을 때가 있었죠. 그때 읽은 의학 책 내용을 기억하고 있어서 참고하며 썼습니다.

캐릭터
연결에 대해

　제 소설은 여러 시리즈에 같은 인물이 등장합니다. 서로 연결되어 있죠. 저를 데뷔시킨 「이 미스터리가 대단해!」의 대상 출신 중에는 가이도 다케루라는 대선배가 있습니다. 가이도 선배는 한 작품에서 조연이었던 사람을 다른 작품에서 주연으로 쓰는 스타 시스템을 채용했습니다. 출판사가 달라도 인물은 전부 연결되어 있죠. 독자는 다른 출판사, 다른 시리즈라도 자신이 아는 캐릭터가 나오면 관심을 갖기 마련입니다. 한 시리즈를 읽어보고는 다른 시리즈도 읽어보자는 마음이 들기 쉽습니다. 그래서 저도 모든 세계관을 철저하게 하나로 이어지도록 만들려 합니다.

　세계관의 연결은 데뷔 직후부터 생각했습니다. 데뷔 전에 쓴 『안녕, 드뷔시』와 『연쇄 살인마 개구리 남자』에 나온 캐릭터를 이후 작품에서 쓸 수 있도록 당시 제 작품의 세계관을 염두에 두고 만들었습니다.

"대상을 받으셨습니다"라는 연락이 온 후, 몇 시간에 걸쳐 일단 백여 가지의 이야기를 구상했습니다. 백여 가지의 이야기 속에서 대략적으로 등장인물의 배치를 끝냈습니다. 사이타마현 경찰은 『연쇄 살인마 개구리 남자』에 나오는 고테가와라는 형사로 활용하고 『안녕, 드뷔시』의 무대가 나고야이기는 해도 미사키 요스케가 피아니스트이므로 다양한 지역을 돌아다니는 걸로 설정했습니다.

사실 제가 매번 하는 일은 광범위한 세계관의 일부를 조금 도려내 제공하는 것뿐입니다. 제게 가장 잘 맞는 스타일이기도 하고 독자를 대접하는 마음을 가장 잘 발휘하는 형태입니다. 무엇보다 스타 시스템을 채택함으로써 이후 작품을 쓰는 게 편해졌습니다. 새로운 소설을 쓸 때마다 새로운 캐릭터를 제 머릿속 세계관에 풀어놓은 후 기존 캐릭터를 내놓습니다. 유일한 예외가 미야기현 경찰 시리즈입니다. 그곳은 떨어져 있어서 지금까지 연결 지점은 없습니다. 또 다른 문제가 하나 있는데 데뷔 때 생각한 이야기가 백여 개밖에 없어서 슬슬 다 쓰고 없어지고 있다는 것입니다. 다음을 더 생각해야 하는 게 솔직히 힘드네요.

『안녕, 드뷔시』의 가즈키 겐타로가 주인공이자 휠체어 탐정으로 등장하는 『안녕, 드뷔시 전주곡』을 쓰거나 가즈키 겐타로와 『시즈카 할머니에게 맡겨 줘』의 시즈카 할머니가 손을 잡은 『시즈카 할머니와 휠체어 탐정』이라는 작품도 썼습니다. 이 작품은 『시즈카 할머니에게 맡겨 줘』를 쓸 때 이미 구상을 마쳤습니다. 시즈카 할머니가 판사를 그만둔 계기가 된 사건이 있다고 상정하고 『테미스의 검』의 시간 흐름을 신경 써서 시즈카 할머니와 겐타로의 나이 차이를 열 살로 설정했습니다.

제 머릿속에 있는 캐릭터 가운데 아직 등장하지 않은 캐릭터는 스무 명 정도인데 전부 연결되어 있습니다. 100개의 이야기를 생각할 때 만든 대강의 지도와 배치, 인간관계는 모두 제 머릿속에 있습니다. 각 인물의 설정은 자세하게 정하지 않았으나 대강의 인격이나 말투 정도는 정리되어 있습니다. 나중에 살을 붙이는 건 간단한 일입니다. 불가사의하게도 이야기를 만들다 보면 캐릭터에 점점 살이 붙곤 합니다.

어떤 분이 제가 데뷔한 이후에 탄생시킨 인물들의 관계도를 만들어준 적 있습니다. 그 관계도를 받고 보니 제 머릿속에 있는 인물들의 관계도와 완벽하게 일치했습니다. 다카라지마 문고에서 나온 『연쇄 살인마 개구리 남자의 귀환』과 『합창 미사키 요스케의 귀환』의 마지막에 관계도가 실려 있습니다. 신작을 낼 때마다 업데이트하고 있고 또 기회가 되면 새로운 관계도를 낼 생각입니다. 관계도를 만든 분은 취미로 시작했다고 하셨습니다. A4 크기에 모두 담기지 않아서 B1 크기에 담았다는데 말도 안 되는 크기였습니다.

미발간 작품에
대해

「이 미스터리가 대단해!」에서 대상을 받은 후 쓴 작품이 바로 미코시바 레이지 시리즈입니다. 수상 후 첫 작품으로 다카라지마샤에서 나온 작품입니다. 당시에 플롯을 제출하자마자 출간 승인을 받았습니다. 원고를 100장까지 쓰고 또 승인을 받은 시점에 출판사에서 호출을 하더군요. "아무래도 다음 작품은 수상작의 속편이 좋겠다"라는 메시지를 전해주었습니다. "이미 승인을 받아 쓰고 있는 작품이 있는데요?"라고 물었더니 "그건 마음대로 하세요"라고 했습니다. 그때 마침 고단샤에서 원고가 없는지 문의를 하기에 다카라지마샤를 위해 쓰고 있던 원고를 건넸습니다. 데뷔한 시점에 일단 『안녕, 드뷔시』와 『연쇄 살인마 개구리 남자』가 있었고 그 전에 최종 심사까지 갔던 『마녀가 되살아난다』와 쓰다가 만 『속죄의 소나타』까지 네 작품이 있었습니다. 데뷔 후 바로 책이 쭉쭉 나온 이유는 그만큼 저장을 해두었기 때문입니다.

시리즈화에
대해

　처음에는 속편이나 시리즈는 전혀 생각하지 않고 썼습니다. 결과적으로 시리즈가 된 게 많았을 뿐, 처음에는 모든 작품을 단독으로 썼습니다. 시리즈로 써달라는 의뢰는 데뷔하고서 10년이 지나서야 받았습니다.

　처음에는 한 작품에 주인공과 트릭의 매력, 세계관을 전부 넣고 뒤는 전혀 고려하지 않았습니다. 속편을 쓰는 일은 생각도 하지 않아서 매번 떠오른 아이디어를 전부 한 작품에 쏟아부은 느낌입니다. 그게 결국은 호평을 받아 시리즈가 된 것이겠죠. 시리즈를 의식하지 않았기에 오히려 한 작품에 집중할 수 있었습니다. 그만큼 속편 의뢰를 받으면 뭘 써야 할지 정말 고민됩니다. 마른걸레를 짜는 느낌이랄까요. 그저 의욕만 앞서고 기합만 잔뜩 불어넣은 듯 말입니다. 그러지 않으면 살아남을 수 없었을 겁니다.

　처음 시리즈화를 의뢰받았을 때는 곤란했습니다. 기본적으로 작품 의뢰는 단행본부터 시작되기 마련인데 시리즈가 된다면 단행본을 반드시 중쇄해야 한다는 뜻이기 때문입니다. 시리즈가 될 작품을 써달라는 의뢰는 곧 첫 단행본은 중쇄하라는 지상 명령과 마찬가지입니다. 그리하여 첫 시리즈로 계획해 쓴 작품이 『감정인 우지이에 교타로』와 『축제의 사형집행인』 정도입니다. 어쨌든 시리즈를 염두에 두고 쓰는 작품이 가장 어렵습니다.

예를 들어 라이트노벨 쪽은 처음부터 시리즈가 결정되는 작품이 많습니다. 대체로 세 작품으로 끝나는 게 보통입니다. 라이트노벨의 시리즈를 읽어보면 처음부터 시리즈를 의식해서 그런지 첫 번째 작품은 부족한 느낌이 듭니다. 제가 읽은 작품은 첫 번째 작품에서 등장인물 모두에게 사연이 있는 듯했습니다. 등장인물 A에게는 말해야 할 과거가 있을 것이라는 식으로 쓰는데 문제는 그 정도에서 끝낸다는 겁니다. 그러면 독자 입장에서는 이야기가 계속될 것이라고 생각하게 되죠. 그러나 시리즈물을 이어가려면 첫 번째 작품에 다 쏟아부어야 합니다. 독자에게 세계관을 충분히 전하려면 지나치나 싶을 정도가 딱 알맞습니다. 그러지 않으면 독자는 그 세계에 흥미가 생기지 않습니다. 첫 번째 작품에서 사연이 있는 듯 냄새만 풍기고 흥미를 끌 다른 요소가 없다면 독자가 계속 읽을 생각을 갖지 않습니다. 한 작품마다 완성도가 높지 않으면 독자가 계속 읽지 않으므로 시리즈물이 힘든 겁니다. 시리즈물이 있다는 사실만으로도 다양한 시리즈물을 거느린 선배들은 존경할 만합니다.

신인상 심사평을 읽으면 '시리즈 첫 번째 작품 같다'라는 평도 보게 됩니다. 어떤 배경이 있겠구나 싶은 데서 끝나는 원고를 응모한 것일 텐데 이래서는 심사위원도 심사하기 어렵죠. 물론 데뷔 전부터 살아남으려는 태도는 좋으나 형편없고 어설픈 시도일 뿐입니다.

신인상을 심사할 때는 작가의 이야기 완결 능력을 중점적으로 살핍니다. 어설프게 작품을 쓰면 자신의 무능력을 얼버무리는 듯 보입니다. 아직 세상에 나오지도 못한 사람의 냄새만 풍기는 소설의 속편을 누가 보고 싶을까요? 다음 편도 읽어보고 싶다고 생각하기보다 어정쩡한 내용이라 읽을 필요가 없다고 평가할 겁니다.

독창성은
얼마나 필요한가

 뭘 써도 그 사람의 소설이 되는 작품을 쓰는 작가가 있습니다. 저는 도저히 그 영역에는 도달하지 못할 듯합니다. 어떤 장르를 써도, 작가 이름을 가려도 그 사람의 작품이라는 것이 드러날 수 있는 것이 독창성입니다. 비틀스의 노래를 불러도 독특한 특징이 있는 엔카 가수가 있죠. 미소라 히바리[*]가 생각나는데, 컨트리 음악을 부르든 블루스를 부르든 틀림없이 미소라 히바리가 되죠. 그게 바로 독창성입니다.
 작가는 문체나 결론을 내리는 방식, 전체적인 흐름에서 독창성이 드러납니다. 작풍이 아니라 어디까지나 구성의 문제입니다. 어떤 줄거리라도 그 사람 특유의 구성 방식에는 그다지 변화가 없습니다. 인물상에 살을 붙이는 방식이나 대립 구조 등에서 그 사람의 개성이 드러납니다. 예를 들어 셜록 홈스의 파

---

[*] 일본 쇼와 시대를 대표하는 가수 ─ 옮긴이

스티셰pastiche, 즉 모방 작품이 많은데 쓰는 사람에 따라 다양한 홈스가 등장합니다. 그게 독창성입니다. 그러나 작가 본인은 자신의 독창성을 모를 겁니다. 평론가나 독자가 그 작품은 바로 A라는 작가의 스타일이라고 말해야 비로소 자기 개성이 완성됩니다. 독창성이란 본인이 노린다고 되는 게 아니라 호흡처럼 자각하지 않아도 자연스럽게 드러나야 하는 거니까요.

단서나 트릭은 이미 다른 작품들에서 다 발굴되어서 지금은 독창성을 드러내기 어렵습니다. 이후의 작품에서는 변주하는 수밖에 없죠. 그렇다면 독창성은 그 사람의 특징을 드러내는 정도만 필요하지 않을까요. 그 작가의 책을 읽으려는 사람 대부분은 그 사람의 특징을 즐기고 싶어서 그 책을 선택합니다. 글쓴이만의 특징이 드러나는 순간 그 사람은 작가가 되었다고 할 수 있습니다. 작가의 특징은 계속 쓰다 보면 자연스럽게 생긴답니다.

데뷔작에서 얼마나 모방의 요소를 깎아낼 수 있는지에 따라 독창적 특징을 얻을 수 있습니다. 데뷔작은 아무래도 무언가의 모방작입니다. 그 사람이 지금까지 읽은 것들의 모방이죠. 물론 잘하느냐 못하느냐의 차이는 있겠지만요. 그 모방에서 얼마나 많은 걸 깎아내고 남기는지가 독창성이라고 생각합니다.

독자적인 문체를
찾는 법

 자기만의 문체를 찾기 위해서는 무조건 많이 써야 합니다. 처음에는 누군가를 모방하는 걸로 시작해도 괜찮습니다. 그러나 두 번째, 세 번째 작품을 쓰다 보면 자신에게 맞는 방식이나 가장 효과적인 방법을 알게 될 겁니다. 노사카 아키유키는 아주 독특한 문체를 갖고 있습니다. 데뷔작에서는 그렇지 않았습니다. 여러분도 마찬가지입니다. 무라카미 하루키조차 데뷔작과 이후의 작품은 다르니까요.

 기성 작가들이 모두 소설 강좌에 다니며 글쓰기를 배운 건 아닙니다. 스스로 쓰고 또 쓰며 자기에게 맞는 방식을 발견한 겁니다. 바꿔 말하면 작가에게 글쓰기란 산에 오르는 일과 같습니다. 정상으로 향하는 길은 저마다 다릅니다. 그 길을 가려고 자기에게 맞는 신발을 고르는 일과 비슷하죠. 이때 신발이 문제입니다. 자기에게 맞는 신발은 수없이 신어봐야 만나게 됩니다. 그러므로 일단 써보는 겁니다. 써야 압니다.

쓰면 쓸수록 경험이 많아져 자신만의 문체를 구축할 수 있거나 사람들을 놀라게 하는 방법을 알게 됩니다. 마침표 개수가 작가의 자산입니다. 그렇습니다. 마지막까지 쓰는 게 중요합니다. 아마추어들은 지레 겁을 먹고 실패작이라고 속단하거나 완성할 자신이 없다며 중간에 포기하기도 합니다. 그러나 끝까지 쓰지 않으면 자기가 어디서 실패했는지 부족한 점이 무엇인지 알 수 없습니다. 실패인 줄 알면서 계속 쓰는 일이 낭비처럼 보일지 모르나 멀리 돌아가는 길이 사실은 지름길입니다.

문장의 리듬을 확인하려고 소리 내어 읽어보는 사람도 있습니다. 요즘은 실제로 책을 소리 내어 읽는 사람이 소수이므로 그다지 도움이 되지는 않을 겁니다. 역시 최종 교정쇄 형태로 만들어 문자 정보로 확인하는 게 좋습니다.

문체는 처음부터 확립할 수 있는 게 아닙니다. 풋내기 시절이라는 말이 있듯 10년 된 작가도 데뷔작을 보여주면 부끄러워하거나 않는 소리를 합니다. 저도 마찬가지죠. 다만 저는 풋내기 시절의 실패를 새삼 고칠 마음이 없어서 가필 수정은 하지 않습니다. 그래도 초기 작품에 손을 대는 사람의 마음은 충분히 이해합니다.

다른 작가의 글을
참고해야 할까

개인적으로 미스터리 작법 관련 서적은 거의 다 읽었습니다. 작가가 될 생각도 없을 때 그냥 재미로 읽었죠. 평론이 좋아서 당시 눈에 띄는 글은 죄다 읽었습니다.

요코미조 세이시도 에도가와 란포도 편집자였습니다. 편집부터 평론, 집필까지 다 하는 사람의 글은 역시 차원이 다릅니다. 지금 다시 읽고 이해하는 부분도 많습니다. 그럴 때마다 정말 새로운 지혜를 얻게 됩니다. 일개 독자였을 때는 그저 재미로 읽었는데 지금 다시 읽으면 새삼 깨닫는 것들이 많습니다. 지금 작가를 목표로 삼은 사람이라면 데뷔한 사람의 평론을 읽으면 득이 될 겁니다.

문장 필사는
도움이 될까

한때 신인상 응모작에 이사카 고타로를 모방한 작품이 많아 다 떨어뜨렸다는 소식을 들었습니다. 당연히 떨어지겠죠. 아무리 문체가 비슷하더라도 이사카 고타로가 두 명은 필요 없으니까요. 게다가 모방한 사람은 진짜보다 못할 게 뻔하잖아요.

종종 좋아하는 작가의 작품을 필사하라고 조언하는 사람이 있습니다. 문체를 흉내 내라는 게 아니라 필사하면서 소설의 재미 요소를 분석하라는 의미입니다. 문체보다 구성을 흉내 내거나 자신의 문체가 얼마나 이상한지를 파악하는 취지로 필사를 해야 합니다. 쉽게 말해 필사를 통해 자신의 문제를 없애라는 뜻입니다. 자신의 버릇을 일단 도려내야 합니다. 그러려면 읽기만 해서는 머리에 들어오지 않습니다. 손을 움직여야 비로소 머리에 글이, 문체가, 구성이 들어옵니다.

솔직히 말하면 필사보다는 다양한 사람의 소설을 읽는 게 낫습니다. 무엇보다 필사에는 많은 시간이 들기 때문입니다.

저는 누군가를 모방해 쓴 적 없습니다. 너무 많은 글을 읽어서 한 사람을 편애할 수 없었으니까요.

타인의
평가에 대해

아마추어는 본인이 쓴 글을 객관적으로 평가하기가 어렵습니다. 그럴 때는 소설을 읽고 싶어 하는 사람을 붙잡아 자신의 글을 읽어보게 하는 게 가장 좋습니다. 데뷔 전 『안녕, 드뷔시』를 완성한 후 친구의 중학생 딸에게 읽어보도록 했습니다. 여중생이 재미있다고 하면 성공이라고 생각했으니까요.

평소 소설과 친숙한 사람에게는 오히려 읽히지 않았습니다. 그건 전혀 가치 없는 일입니다. 이 소설이 세상에 나왔을 때 일반적인, 거의 책을 읽지 않는 사람이 이 책을 선택하지 않는다면 데뷔한다고 해도 그걸로 끝이기 때문입니다. 게다가 소설을 거의 안 읽는 사람은 무명작가의 글은 읽으려 하지 않습니다. 소설을 자주 읽는 사람은 「○○신인상 수상」이라는 타이틀만으로도 책을 읽으려고 할 겁니다. 하지만 그런 사람들은 독서 인구의 몇 퍼센트에 불과할 뿐입니다. 더 많은 독자를 얻으려면 평소 책을 읽지 않는 사람이 선택해야 한다고 생각합니다.

따라서 그다지 책을 읽지는 않으나 나름대로 호기심과 독해력이 있는 여학생을 선택해 읽게 했습니다. 다행히 그 여학생이 재미있다고 해서 응모를 했고요.

함께 응모한 『연쇄 살인마 개구리 남자』는 역시 소설을 잘 읽지 않는, 영화만 보는 사람에게 읽혔습니다. 그 사람은 기분이 나쁘다는 감상을 내놓았습니다. "중간쯤에서 그만 읽으려고 했어"라는 말을 들은 순간 저는 해냈다고 생각했죠. 그만큼 평범한 사람의 감각에 호소하는 게 있다는 소리니까요. 그래서 두 작품 다 응모했고 모두 최종 심사에 남았습니다.

상업 출판과
자비 출판

최근에는 자비 출판도 늘었습니다. 제가 보기에는 취미 생활이죠. 상업 출판은 이른바 계약으로 움직입니다. 계약으로 움직인다는 말은 당연히 상대가 있고 상대의 신용이나 이익에 해를 끼쳐서는 안 된다는 암묵적인 규칙이 있습니다. 극단적으로 표현하자면 자비 출판은 어떤 책임도 질 필요가 없는 겁니다. 이익을 내지 않아도 되며 금전과 관련 없는 일이므로 그야말로 취미죠.

출판사로부터 자비 출판을 하라는 제의를 받는 사람도 있습니다. 다만 그런 경우에는 어디까지나 기획물이므로 다음 출판물로 이어지지 않습니다. 저도 그와 같은 경우를 봐왔는데 역시 시리즈가 되는 일은 극히 적습니다. 문학상 공모전은 편집자가 신인을 찾는 일입니다. 자비 출판은 사람이 아닌 작품을 찾는 일입니다. 따라서 자비 출판으로 탄생한 작품은 세상에 나온 순간 기획 자체가 종료됩니다. 쓰고 버리면 다음은 없죠.

공모전은 상금도 있고 주최하는 출판사의 지원도 있습니다. 자신들이 배출한 신인을 키우겠다는 마음가짐이 있죠. 신인의 원고를 쓰고 버릴지의 기준은 대체로 신인상의 상금액으로 구분됩니다. 500만 엔, 1천만 엔의 상금을 제시한다는 것은 그 금액만큼을 회수해야 한다는 말입니다. 상금만큼을 회수하려면 수상한 작가가 활약해야 하고요. 결과적으로 작가를 육성하는 일이 됩니다. 반대로 상금이 없는, 혹은 상금이 30만 엔이나 100만 엔 정도인 상은 육성에 주력하지 않을 겁니다. 더 분명히 말하면 큰 출판사는 상금 500만 엔 이하의 신인상 당선 원고도 쓰고 버린다고 생각하세요. 제가 터무니없는 말을 한다고 생각할지 몰라도 모 출판사 편집장에게 들은 말입니다.

저는 자비 출판은 하지 않습니다. 다행히 공모전에서 상을 받았고 계속 집필 의뢰를 받아 출판하고 있습니다. 취미로 출판해서는 안 된다는 건 자명한 이치입니다. 만약 자비 출판을 하고 싶다면 지금 계약한 작품을 다 끝내고 노후의 즐거움으로 삼을 겁니다. 지금은 연재 마감에 쫓기면서도 취미 삼아 소설을 쓰고 있는데 그건 개인적 취미로 잠깐의 휴식 같은 의미라서 출판할 계획도 마음도 없습니다. 집필 의뢰가 전혀 오지 않고 책이 한 권도 팔리지 않는다 해도 자비 출판을 할 생각은 전혀 없습니다. 은밀한 취미를 다른 이에게 보여주는 일은 거의 없으니까요.

참고로 제가 취미로 쓰는 작품은 SF 요소가 들어간 해양 모험 소설입니다. 거대한 고래가 어느 날 인간 고기의 맛을 알고 상선이나 화물선을 습격하기 시작합니다. 그런데 세상은 오랫동안 포경 금지 정책을 세운 뒤라 실제로 고래를 잡는 기술을 지닌 국가는 핀란드와 일본밖에 없습니다. 이에 고래 마을로 유명한 다이지초의 늙은 어부와 핀란드의 포경선이 단결해 고래 퇴치에 나섭니다. 반면 고래 습격으로 해운 관련 주가가 폭락하자 미국 정부는 다양한 조직과 해군을 투입하지만 사태가 수습되지 않습니다. 바다 민병대 같은 조직까지 나타나 방해를 꾀합니다. 대략 이러한 이야기에 미스터리를 가미한 내용입니다. 저는 쓰면서도 꽤 재미있다고 생각하는데 절대 출판하지는 않을 겁니다. 무엇보다 제가 쓰는 SF를 읽을 사람이 있을지 모르겠습니다.

인정 욕구와
이야기에 대한 애정

 자기가 쓰는 내용이 어떤 신인상과 어울리는지 모르는 사람도 있습니다. 어느 신인상이나 마찬가지겠지만 작풍이나 장르가 달라도 능력과 재능이 어느 정도 수준인지는 알 수 있습니다. 오랫동안 초고를 읽어온 사람도 있고 편집자들은 정말 책을 많이 읽으므로 작가의 재능을 잘 찾아냅니다. 운명론 같은 이야기인데 세상에 재능을 드러낼 사람은 어떤 식으로든 반드시 드러냅니다. 재능이 부족한 사람은 어쩌다 데뷔해도 중간에 멈춥니다. 누군가에겐 기분 나쁜 소리일 겁니다. 그러나 지금 문단에서 활약하는 사람을 보면 역시 남을 사람만 남아 있답니다.
 데뷔를 했다고 해도 태도를 보면 오래가지 못할 거라고 생각되는 사람은 역시 두 번째, 세 번째 작품이 나오지 않습니다. 태도란 무엇일까요. 이 또한 기분 나쁜 소리일 수 있겠네요. 작가가 되고 싶은 사람은 작가가 되지 못합니다. 작품을 쓰고 싶어서 안달이 난 사람만이 작가를 글쓰기 수단으로 생각합니다. 목적과 수단이 뒤바뀌어서는 안 됩니다. 무엇보다 작가는 결단코 편한 일이 아니니까요. 의무감이나 타성에 젖어 편하지도 않은 일을 계속할 수는 없습니다. 역시 이야기에 대한 욕구나 호기심이 없으면 계속할 수 없습니다.

세상에서 유명해지고 싶다는 자기 과시욕이나 인정 욕구만으로 글 쓰는 일을 계속할 수는 없습니다. 이 책을 읽는 독자 가운데 소설을 쓰고 싶다기보다 작가가 되고 싶다고 생각하는 분은 일단 다른 일을 먼저 찾아보세요. 당신에게 더 맞는 직업이 있을 테니까요.

데뷔하자마자 명함에 '작가' 혹은 '소설가'라고 적는 사람도 그다지 오래가지 못하는 경향이 있습니다. 최근에는 그리 많지 않은데 옛날에는 많았습니다. 오사와 아리마사가 『잘나가는 작가의 모든 기술』이라는 책에서 신인 작가의 명함에는 작가나 소설가라는 문구를 쓰지 말아야 한다는 식으로 쓴 순간 그런 명함이 줄어들었다고 합니다. 과시욕이나 인정 욕구로 작가라는 일을 선택해서는 안 된다고 진심으로 말하고 싶습니다. 물론 인정 욕구가 필요할 때도 있습니다. 하지만 그것은 끝없는 늪입니다. 아무리 열심히 해도 다음 또 다음이라는 강박이

밀려와 결국은 무너집니다. 그보다 이야기에 애정을 지니는 게 훨씬 정신 건강에 좋습니다. '○○ 선생님'이라고 불리고 싶어서 쓰는 사람은 진짜 다시 생각해보세요. 선생님이라면 지방의회 의원을 목표로 하는 게 나을 겁니다. 인정 욕구는 일종의 독이고 독은 약이 되기도 하지만 조금만 있으면 됩니다. 양이 많아지면 역시 독일 뿐이죠.

제4장

미스터리와 생활

왜 미스터리 작가가 되었나

　제가 태어나고 자란 곳은 기후의 시골 마을입니다. 부모님은 그곳에서 기모노 가게를 운영했습니다. 두 분 다 일하느라 아이를 돌볼 시간이 없어서 제가 철이 들 무렵부터 책을 사주셨습니다. 저는 부모님이 일하는 동안 내내 책을 읽는 편이었습니다. 부모님도 이 녀석은 책만 주면 얌전하다는 사실을 아신 것이죠. 책을 읽지 않을 때는 시골이라 뒷산에 올라가 탐색하며 돌아다녔답니다. 지금도 아주 건강한 편인데 그 무렵에 체력을 한껏 길러시일지 모르겠네요.
　유치원 때는 선생님에게 이야기를 만들고 싶다고 말하기도 했습니다. 실제로 소설을 쓴 건 고등학교 1학년 때였습니다. 문예부에 들어가니 저에게 글 좀 써보겠냐고 묻더군요. 어쩔 수 없이 80장 정도를 썼고 애써 완성한 작품을 올요미모노상에 응모했더니 3차까지 통과되었습니다. 의외로 적성에 맞는 것이 아닐까 싶은 생각이 들어 이후로도 조금씩 응모했습니다.

하지만 모두 2차 통과가 한계였습니다. 그럼 장편 소설을 써 볼까 싶어서 고등학교 때 미스터리를 써서 에도가와 란포상에 냈습니다. 미스터리를 좋아해서 줄곧 읽었으니 쉽게 쓸 줄 알았던 것입니다. 또 미스터리를 읽는 사람이라면 반드시 요코미조 세이시나 에도가와 란포에 도달하므로 란포상을 알고 있었기 때문에 응모했습니다. 호기심 많은 사람이 가벼운 차림으로 후지산에 오른 셈이죠. 고등학교 때 응모해 대학에 들어간 후에 결과가 나왔는데 1차를 통과했을 뿐이었습니다. 저는 글 쓰는 재능이 없다고 판단해 포기하고 이후 25년간 아무것도 하지 않았죠.

이후로는 내내 직장인으로 살았습니다. 40대의 어느 날, 오사카에서 시마다 소지의 사인회가 열려 찾아갔습니다. 시마다 소지는 엄청난 아우라를 뿜어내는 분입니다. 그의 아우라에 압도당해 사인회가 끝나자마자 컴퓨터를 사서 그날 바로 망설임 없이 소설을 쓰기 시작했습니다. 때마침 혼자 오사카에서 일하던 중이라 시간이라면 얼마든지 있었죠. 6시에 퇴근해 바로 집에 돌아오면 이후로는 온통 자유 시간이었던 터라 실컷 소설을 썼습니다.

그때 완성한 작품은 미스터리가 아니라 170장 분량의 호러였습니다. 일단 완성했으니 어딘가 신인상에 공모할까 싶어서 「공모 가이드」를 살펴봤습니다. 하지만 시기적으로 170장짜리 원고를 받아주는 데가 없었습니다. 응모 마감에 맞출 수 있을 듯한 공모전으로 「이 미스터리가 대단해!」 대상이 있었습니다. 당시 규정 매수는 350장 이상이었습니다. 그래서 170장짜리 호러에 이것저것을 추가해 450장 정도의 미스터리로 출품했습니다. 그 원고가 최종 심사에서 이런저런 평을 듣고 낙선했죠. 너무 분해 다음에는 처음부터 「이 미스터리가 대단해!」에 출품하려고 2년 동안 두 작품을 완성해 응모했습니다. 그중 한 작품이 수상하고 다른 작품도 출간되었죠. 이 두 작품을 쓰는 기간이 수련 기간이었던 셈입니다.

　공모전의 심사평은 언제든 환영입니다. 다음에 쓸 때 지적된 부분을 잘 따르면 되니까요. 요컨대 심사평에는 이렇게 쓰면 수상할 수 있다는 내용이 정말 친절하게 적혀 있습니다.

　데뷔 이후 다른 출판사에서 미스터리를 써달라는 요청을 받아서 미스터리를 썼고 지금까지 이어졌습니다. 충동적으로 쓰기 시작했을 뿐 소설가가 되려는 마음은 추호도 없었습니다. 당연히 미스터리 작가가 되겠다는 마음도 없었죠. 최근에는 미스터리가 아니라도 괜찮다는 출판사도 생겨서 다른 장르도 쓰고 있습니다.

 다카라지마샤로부터 수상 축하 전화를 받았을 때는 당황했습니다. 상만 받고 아무것도 하지 않는다는 선택지는 없으니까요. 제가 독자 입장이었을 때 단박에 떴다가 사라지는 작가를 아주 많이 봤기에 그렇게 되고 싶지는 않았습니다. 게다가 「이 미스터리가 대단해!」 대상의 상금은 1200만 엔입니다. 당시에 다른 사람과 공동 수상이라 600만 엔이었습니다. 그런데 600만 엔을 받았으니 그만큼 돌려주지 못하면 굉장히 불편합니다. 몇 작품을 써야 간신히 빚을 다 갚게 되는지 스스로 대충 계산하고 그때까지만 계속하자고 생각했습니다. 계속하다 보니 다른 출판사로부터 여러 주문이 와서 현재에 이르렀습니다.

작가도 사회 경험을
쌓아야 할까

　사회 경험을 쌓은 후 작가가 되는 게 좋은지에 대해 질문을 종종 받습니다. 제 경우, 직장인 시절의 경험이 집필에 거의 도움이 되지 않습니다. 다만 한 가지, 다양한 사람을 만나 제 머릿속에 다양한 캐릭터의 샘플이 잔뜩 저장되어 있다는 건 도움이 됩니다. 이런 사람은 이런 식으로 말한다, 이런 식으로 말하는 녀석은 반드시 이런 걸 가슴에 남겨둔다는 등의 전형을 마음속으로 분류할 수 있죠.
　학창 시절에 작가가 되는 사람도 많습니다. 하지만 학생의 교류와 사회인의 교류는 질적인 면에서 완전히 다릅니다. 학생 때는 친구끼리 돈으로 엮일 일이 거의 없죠. 별로 듣기 좋은 말은 아닌데 세상에 발생하는 문제의 90퍼센트는 돈으로 해결됩니다. 바꿔 말하면 사회인의 교류에서는 이해관계가 형성된다는 의미입니다. 인간관계의 90퍼센트가 이해관계라고 해도 지나치지 않습니다. 사회생활의 경험은 작가에게 절대 조건은 아니어도 도움은 될 겁니다.

　최근에는 변호사나 의사처럼 전문직과 겸업하는 작가도 많아졌습니다. 그건 유리할까요? 13년 동안 작가로 생활하며 내린 결론은 지식은 있으면 좋지만, 반드시 유리하지는 않다는 겁니다. 변호사에게 작가를 겸업하는 것이 어떤지 물은 적이 있습니다. 변호사로 활동하면 확실히 법률 지식은 해박해도 허구의 이야기를 만드는 건 어렵다고 합니다. 요즘 세상에 나오는 법정 미스터리 대부분은 실제로는 있을 수 없는 상황이니까요. 현실 재판 방식을 그대로 차용하면 허구로 성립되지 않는다고 합니다. 의사도 마찬가지여서 의료 관련 정보를 정말 정확하게 쓰면 미스터리로 성립되지 않을 게 수없이 많죠. 저는 어떤 전문가도 아닌데 쓰고 있습니다. 지식은 있고 경험은 없어서 더 쓸 수 있습니다. 실현 불가능한 에피소드를 쓴다고 해서 안 될 건 없답니다. 논픽션을 쓰는 게 아니니까요.

　그러므로 지식과 경험이 곧 절대적인 무기라고는 할 수 없습니다. 전문직 작가는 해당 분야를 쓸 때는 편할지 몰라도 그 분야에 한정돼 쓰게 될 수도 있습니다. 출판사도 그 작가는 변호사이므로 법정 미스터리를 주로 의뢰하려 하겠죠. 만약 법정 미스터리가 잘 팔리면 다른 출판사도 모험하려 하지 않고 법정물만 의뢰할 겁니다. 다들 감나무 밑에서 감이 떨어지기만을 기다릴 테니까요. 특히 최근에는 출판사들이 모험을 하지 않으려는 경향이 강합니다.

무엇보다 소설을 쓸 때 의식해야 할 점은 '얼마나 사람을 즐겁게 할 수 있느냐?'라는 겁니다. 작가는 전문 지식을 알리려고 소설을 쓰는 게 아닙니다. 전문 지식은 이야기에 현실감을 주려고 사용하는 수단이나 보조 장치에 불과한 겁니다. 소설을 쓸 때는 전문 지식보다 더 소중한 게 따로 있다는 얘기입니다.

신인상의
경향과 대책

저는 앞서 설명한 이유로 「이 미스터리가 대단해!」에 응모했는데 어떤 상에 응모할지를 놓고 고민하는 사람이 많더군요. 심사위원이 이구동성으로 하는 말은 "경향이나 대책은 없다"라는 겁니다. 맞는 말이겠죠.

다만 심사위원들도 상에 맞는 작품을 고르기는 합니다. 어느 정도 문장이 정리되어 있고 이야기가 되고 재미있더라도, 이를테면 미스터리 신인상인데 원고가 연애 소설이라면 끝내 수상하지 못할 겁니다. 엄연히 장르가 정해져 있는데 엉뚱한 장르의 작품을 선정할 수는 없는 일이죠. 어차피 응모할 거라면 자기 작품이 어떤 상과 가장 색깔이 맞는지 정도는 아는 게 좋습니다. 그러므로 자신이 응모하려는 상의 과거 5년 정도의 수상작을 읽어두면 도움이 됩니다.

한 가지 더, 까놓고 말해 상금이 클수록 좋습니다. 다시 말하는데 출판사는 많은 상금을 걸면 반드시 회수해야 합니다.

1200만 엔의 상금을 걸었다면 그만큼을 회수하려고 할 겁니다. 당연히 긴 안목으로 수상 작가를 보고 신인을 어떻게든 띄우려고 애씁니다. 반대로 상금이 없는 상도 있습니다. 그런 상을 주최한 단체는 상금을 회수할 필요가 없으므로 작가에게 세 번째 작품까지 쓰게 하고 그래도 안 뜨면 그냥 버립니다. 상금이 적은 상의 담당자에게 물었더니 선뜻 바로 내친다고 말하더군요. 역시 책은 팔리지 않으면 불량 채권이 됩니다. 출판사도 영리 단체이므로 불량 채권을 계속 안고 갈 수 없는 노릇이겠죠.

  소설가로 오래 일하고 싶다면 상금이 많은 신인상에 응모해야 살아남을 확률이 높습니다. 여러 편집자에게 물어본 결과 대체로 상금 500만 엔이 경계선입니다. 그보다 많으면 어떻게든 회수하려고 생각하고 노력하죠. 틀림없이 마케팅도 열심히 해줄 겁니다. 제 생각으로는 상금과 광고비는 정확하게 정비례합니다.

전업 작가가
될 때

저는 데뷔 2년 뒤 전업 작가가 되었습니다. 데뷔작이 나오면 상금뿐만 아니라 인세도 들어옵니다. 다음 해 세무서에서 날아온 납세 통지서를 보니 세금이 연봉을 넘었습니다. 이래서는 안 되겠다 싶었죠. 급여 소득보다 세금이 많으면 생활할 수 없으니까요.

전업 작가가 된 또 다른 이유는 2년 동안 다양한 출판사로부터 집필 의뢰를 받았기 때문입니다. 연재 의뢰가 세 건 정도 들어왔고 나중에 세 건이 더 들어왔습니다. 회사에 계속 다니다가는 마감을 맞출 수 없는 형편이었습니다. 어느 날, 더 이상 마감을 지킬 수 없겠다는 생각이 들어 꾀병을 부렸습니다. 저는 38년간 무지각 무결근을 지켜왔던 사람입니다. 그런데 병이 났다는 핑계를 대려니 창피했습니다. 꾀병으로 결근하면 직장인으로서는 실격이라고 생각했습니다. 핑계를 계속 대면 직장 동료들에게 민폐라 생각해 그만두기로 했습니다.

직장인 때는 하루에 세 번 식사하고 적절한 수면을 유지하는 인간다운 생활을 유지했습니다. 작가가 되고 2년, 전업 작가가 되면서부터 다 포기했습니다. 작가는 사람들이 동경하는 직업 가운데 하나입니다. 자기만의 상상을 문장으로 써서 출판하면 사람들이 사주니까요. 보통 사람들은 하고 싶어도 할 수 없는 일입니다. 그러므로 평범한 사람이 누리는 당연한 행복은 버리자고 결심했습니다. 그렇지 않으면 불공평하다고 생각했습니다. 이후로는 제대로 자지도 먹지도 않습니다. 대신 계속 원고를 쓰고 있답니다.

작품을 쓰지 않으면
업계에서 사라지는 시대

신인 작가는 어찌 됐든 작품을 계속 쓰지 않으면 안 됩니다. 저보다 앞서 혹은 저보다 나중에 여러 신인상을 타고 데뷔한 사람들도 살아남지 못했습니다. 살아남은 소수의 작가를 보면 데뷔 당시부터 작품을 계속 쓴 사람이 대부분입니다. 데뷔한 해에 두 작품, 다음 해에 세 작품을 발표한 사람이 많습니다. 2년에 한 작품이나 몇 년에 한 작품 정도만 써낸 사람은 없습니다.

순문학 작가나 베테랑 작가라면 모를까 엔터테인먼트 세계에서 신인이 작품을 적게 내면 살아남기 아주 힘듭니다. 살아남으려면 가진 공이 많아야 한다는 겁니다. 몇 년 만에 책을 내며 '혼신의 작품'이라거나 '구상에 몇 년이 걸렸다'라는 말은 자기만족에 불과합니다. 자기만족으로 쓴 글을 독자가 사주는 시대는 20년 전에 끝났습니다. 지금은 많은 독자를 끌어들일 이야기를 얼마나 많이 쓰는지가 관건인 시대입니다. 아주 간단하게 부수로 판단할 수 있습니다. 솔직히 평가는 그리 관계없습니다. 얼마나 많은 사람이 읽어주느냐, 그것뿐입니다.

데뷔했다면
쓰고, 쓰고, 써대라

한 작가가 작품을 계속 쓸지, 몇 작품도 못 쓸지는 데뷔하고 1년 안에 결정됩니다. 처음부터 작품을 계속 써온 사람은 작품이 갑자기 줄지 않듯 처음부터 드문드문 쓴 사람은 갑자기 여러 작품을 쓸 수 없겠죠. 데뷔할 때의 습관과 속도가 이후를 결정합니다. 자동차로 치면 새 차일 때 자주 오래 달려두지 않으면 나중에 제대로 못 달린다는 말과 비슷합니다. 인간도 마찬가지입니다. 게다가 인간은 나이를 먹을수록 체력이 약해지므로 처음에 작품을 잘 쓰지 않는 상태였다가 도중에 작품을 쓰려고 하면 체력적으로 받쳐주질 못합니다. 여러모로 처음부터 작품을 계속 쓰는 게 다양한 상황에 대처하기 쉽습니다.

요즘 시대에는 작품을 계속 쓰지 않으면 살아남기 힘들다는 분명한 현실이 있습니다. 서점에서 독자의 손에 자신의 책이 들릴 확률을 높이려면, 혹은 속된 말로 히트할 확률을 높이려면 공의 개수를 늘리는 수밖에 없습니다.

서점 진열, 간판이나 광고 같은 것들이 공을 늘리는 방법 중 하나입니다. 예전에는 서점에 신간이 들어오면 두 달 내내 진열대에 놓여 있었습니다. 지금 서점에서 신간이 진열대에 놓이는 기간은 길어야 2주입니다. 애써 신작을 내도 2주 후에는 안쪽 책장으로 사라집니다. 1년에 한두 작품만 쓰면 이름을 알릴 광고에 올라갈 수 없고 시선을 끌 기회도 줄어듭니다.

　출판사도 책을 팔기 위해 혈안입니다. 새 책이 나오면 광고를 하려고 할 텐데 1년에 한 번밖에 나오지 않으면 광고할 타이밍이 없어집니다. 매달 책을 내는 사람이 있다면 매달 광고할 수 있겠죠. 신간이 나오면 과거 작품도 홍보할 수 있습니다. 서점도 신간은 진열대에 놔주므로 한 달에 한 권씩 내면 매달 진열대에 올라가기 쉽습니다. 서점의 진열대는 엄청난 광고 효과를 제공합니다. 평소 자주 책을 읽는 사람까지 포함해 사람은 기본적으로 보수적입니다. 자기가 아는 것에 손이 가고 모르는 것에는 좀처럼 손이 가지 않는 법입니다. 서점에 가서 재미있는 책이 없는지 둘러볼 때 한쪽에는 자주 보는 저자의 책, 다른 한쪽에는 전혀 모르는 신인의 책이 있다면 어느 쪽을 고를까요. 저는 마흔여덟 살까지 내내 책을 사는 사람이었던 터라 독자의 생리를 잘 압니다. 그래서 어떻게 하면 나카야마 시치리의 작품에 손을 뻗게 할지를 고민한 끝에 작품을 계속 쓰는 수밖에 없다는 결론을 내렸습니다.

정말 문예계는 괴물 천지입니다. 이런 괴물들의 세계에서 나처럼 재능 없는 인간이 살아남는 방법은 작품을 계속 쓰는 수밖에 없어서 다작하는 생활과 신체를 만들었습니다.

원고 집필 중
졸음 방지 대책

 요즘은 집필하다가 졸음을 쫓을 때 계속 에너지 음료를 마십니다. 데뷔 전, 지금처럼 에너지 음료가 많지 않았던 13년 전에는 컴퍼스 바늘로 발바닥을 찔러 졸음을 쫓았습니다. 그렇게 간신히 원고를 완성하고 신발을 신고 회사에 가려고 하면 걸을 때마다 철벅철벅 소리가 났습니다. 무슨 일인가 싶어서 보면 발바닥이 피투성이였죠. 당시에는 아직 사람이 덜되어서 계속 수마가 덮쳐왔고 그때마다 발바닥을 찔러야 했습니다.
 지금은 익숙해져서 사흘 밤이든 나흘 밤이든 잘 샙니다. 인간은 익숙해지면 어떻게든 해낸답니다. 체력 문제도 있겠으나 사명감이나 의무감도 큽니다. 작가란 말단의 업무를 받는 사람입니다. 우리가 하지 않으면 다른 일이 돌아가질 않습니다. 그 말은 곧 지금 자면 제 작품과 관련된 사람들에게 폐를 끼치게 된다는 소리죠. 그 사람들의 얼굴이 차례차례 떠오르고 이래서는 안 된다는 마음이 들면 기력도 체력도 지속됩니다.

건강 유지의
비결

작가는 대체로 세 가지 병이 있다고 합니다. 어깨 결림, 안구 피로, 치질입니다. 치질은 내내 앉아 있으니까 걸리는 질병입니다. 소설계에 들어와 선배에게 처음 들은 조언은 "좋은 의자를 사라"는 것이었습니다. 지금 생각하면 아주 훌륭한 조언입니다. 동업자 중에도 다양한 질환을 앓는 분이 있는데 속사정을 들으면 대체로 안 좋은 의자를 쓰더군요. 의자가 제일 중요합니다.

일단 글을 계속 쓰려면 건강이 최고입니다. 저는 아무래도 건강 체질인 듯합니다. 병에 걸린 적도 없고 정기적으로 건강 검진을 받는데 매번 수치가 좋아집니다. 이유는 저도 모르겠습니다. 나름대로 피곤하기는 합니다. 피로도 좀처럼 사라지지 않습니다. 요즘은 일주일에 두 번 마사지를 받는데 "무슨 갑옷을 입은 것 같아요"라는 말을 듣습니다. 제 몸을 만져보면 알 텐데 손가락이 들어가지 않을 정도로 딱딱합니다.

중학교에 들어갈 때까지는 감기에 걸린 적도 없고 이후로도 병에 걸린 적 없습니다. 정말 특이한 체질이라는 말을 들을 정도로 체력 면에서는 튼튼합니다. 지금도 해마다 피붓결이 좋아지고 있을 정도랍니다. 지난 10년 동안 머리카락만 하얘졌을 뿐 체력은 점점 좋아지고 있습니다. 신기하게 머리도 점점 좋아지고 있답니다. 글을 쓰면서 머리를 어느 정도 쓰기 때문이겠죠. 지금은 예순세 살로 꽤 깜빡깜빡할 나이인데 다른 사람보다 여전히 기억력이 좋다고 자부합니다. 다만 싫은 일이나 사람은 기억에서 지웁니다. 기억을 지우면 싫은 기억도 사라지니까요. 아마 의식적으로 그렇게 하는 듯합니다. 질질 끌면 나만 손해니까요.

요즘 하루 평균 수면 시간은 세 시간입니다. 그러나 다른 데서 수면 빚을 갚습니다. 이동 시간이나 병원 대기실에서 꾸벅꾸벅 졸며 장부를 맞춥니다. 일하다가 곯아떨어지는 일도 종종 있습니다. 퍼뜩 정신을 차려보면 키보드에 머리를 파묻고 있을 때가 있습니다. 얼른 고개를 들면 화면에는 'ㅏㅏㅏㅏㅏ'라는 문자가 이어져 있기도 합니다.

한번은 몇 시간마다 15분씩 누워 선잠 자기를 시도하기도 했습니다. 그런데 선잠을 자는 순간 선잠이 아니더군요. 완전히 잠들어버립니다. 15분쯤 자고 일어났다고 생각했는데 하루가 지나 있었죠. 이래서는 안 되겠다 싶어서 관뒀습니다. 예전에 세 시간 수면을 유지할 때는 앉은 채로 잤습니다. 새로운 사무실로 옮길 때 보니까 침대를 한 번도 쓰지 않아 여전히 새것이더군요. 청소하러 온 아내가 "왜 침대가 새것 그대로야?"라고 잔소리해서 지금은 누워서 잡니다.

이 밖에 건강 관리에서 신경 쓰는 점은 과식하지 않는 것입니다. 중학교 때부터 매일같이 꼭 토마토주스를 마시는 것을 내내 실천하고 있습니다. 250밀리미터를 하루에 한 병. 이 습관이 좋았는지 혈액 나이가 젊다는 말도 들었습니다. 그래서 토마토주스를 늘 냉장고에 쟁여둡니다. 토마토주스와 잠을 쫓는 데 필요한 레드불과 흑맥주는 늘 쌓아둡니다. 저는 알코올을 섭취하면 잠이 안 와서 집필할 때면 흑맥주를 마시곤 합니다. 어머니가 술고래였는데 그 피를 받아선지 취하지 않습니다. 우리 집 냉장고를 열면 토마토주스의 빨강, 흑맥주의 검정, 레드불의 파랑까지 세 가지 색이 내부를 점령하고 있습니다.

식사는 1일 2식 하고 있습니다. 아침과 저녁을 주로 먹습니다. 어떨 때는 1식, 어떨 때는 완전히 굶을 때도 있습니다. 식사에서 신경 쓰는 부분은 밥보다 고기를 먹는다는 정도입니다.

고기는 주요 단백질 공급책입니다. 물은 매일 1리터에서 1.5리터를 꼭 마십니다.

　화장실은 하루에 한 번만 갑니다. 예전에는 여러 번 갔는데 작가가 된 뒤로는 화장실에 갈 때마다 집중력이 흐트러지고 귀찮아서 하루에 한 번으로 정했습니다. 1일 3식을 먹으니까 여러 번 가고 싶어져 2식으로 줄였더니 자연스럽게 하루에 한 번 화장실에 가게 되었습니다. 인간의 몸이란 어느 정도는 스스로 바꿀 수 있답니다.

　운동은 밤중에 큰 도로 한가운데를 전력 질주하는 습관이 있었는데 경찰 검문을 받아 관뒀습니다. 지금은 거의 운동하지 않는 대신 서점을 돌 때 도내 전체를 도는 게 운동이라면 운동이죠. 함께 서점을 도는 편집자에게 종종 듣는 말인데 제 걸음이 빠르답니다. 서점을 방문하는 날은 대체로 하루에 14개 점포를 도는 게 기본입니다. 착착 이동하니까요.

영화 감상과 독서는
취미라기보다 식사

하루에 영화를 한 편 보고, 책을 한 권 읽는 게 습관입니다. 취미라기보다 식사 같은 겁니다. 취미는 오디오를 관리하고 음악을 듣는 정도입니다. 평소 집에서 영화를 보는 기자재와 설비를 갖추느라 열을 올리고 있는데 그게 유일한 취미라고 할 수도 있겠네요. 집에 150인치 스크린과 14개의 스피커로 영화관을 만들어 8K와 4K로 영화를 봅니다. 물론 영화관에도 가지만 매일 가려면 피곤해 영화관을 만드는 게 낫겠다고 생각했습니다.

영화도 책도 무작위로 선정합니다. 저희 집에는 블루레이 라이브러리 같은 걸 꽤 잘 갖춰놓았습니다. 5천 편까지는 세다가 지겨워서 다음부터는 세지 않았습니다. 여전히 늘고 있죠. 그 라이브러리 앞에서 눈을 감고 손을 뻗어 잡히는 걸 주로 감상합니다.

책은 활자라면 뭐든 좋습니다. 소설도 기행문도 만화도 연극

대본까지 뭐든 읽습니다. 책은 진보초*로 사러 갑니다. 진보초에는 미스터리 전문점, 만화 전문점, 학술서 전문점 등 다양한 서점이 있죠. 그곳을 무작위로 돌아다니며 살핀 다음 관심이 가는 책을 삽니다. 그야말로 잡식이죠.

매일 두 시간은 제 글이 아닌 활자를 봅니다. 지금 쓰는 글과 관계가 없더라도 읽는 정보는 반드시 머리 어딘가에 남아 있습니다. 지금 취재하지 않고 쓸 수 있는 것도 활자로 접한 인풋이 있기 때문입니다. 필요한 때면 정보들이 툭 튀어나옵니다. TV나 영화 뭐든 본인이 좋아하는 것만 섭취했다면 소재가 바닥납니다. 손이 닿는 한, 모든 걸 흡수하는 게 옳은 방법입니다.

전자 서적 단말기는 없습니다. 옛날 사람이죠. 종이 페이지를 넘기는 쾌감, 앞으로 몇 장이 남았는지를 아는 쾌감을 잊을 수 없습니다. 전자 서적은 놀랄 정도로 발전하고 있고 저도 그 혜택을 보는 한 사람입니다. 하지만 그래도 종이책을 파는 서점에 늘 신경을 쏟고 싶어서 진짜 서점에 갑니다.

* 일본에서 고서점 거리로 유명한 곳 – 옮긴이

아이디어가 막히면
상관없는 영화를 본다

무당 같은 작가는 아이디어가 하늘에서 뚝 떨어진다고 하는데 정말 소수에 불과합니다. 제 경우에는 아이디어가 뚝 떨어지는 쪽이 아니라 최선을 다해 끌어내는 쪽입니다. 말처럼 쉽지만은 않은 일이죠. 사흘 밤낮으로 플롯을 작성하며 트릭을 짜내느라 얼마나 고생했는지 모릅니다. 작업의 80퍼센트는 플롯 작성이라고 한 이유가 바로 여기 있습니다. 줄거리와 트릭이 완성되면 나머지는 쓰기만 하면 되니까요. 머릿속에 원고가 다 완성되어 있으므로 다운로드만 하면 되어 편리합니다.

줄거리를 생각하는 사흘 밤낮은 지장보살이나 마찬가지로 생활합니다. 꼼짝도 안 하고 생각합니다. 다만 생각이 완전히 막히면 영화를 봅니다. 특히 지금 쓰는 내용과는 전혀 상관없는 영화를 봅니다. 왠지 영화를 한 편 보고 나면 그 영화와는 전혀 상관없는 아이디어가 툭하고 서랍에서 튀어나오는 듯합니다. 그러면 이제 또 한 편 쓸 수 있겠다며 안심을 합니다. 이런 과정을 되풀이하고 있습니다.

　예를 들어 『보호받지 못한 사람들』을 쓸 때는 〈인디아나 존스〉를 봤습니다. 전혀 관계없는 영화죠. 언젠가 영화를 보며 아이디어를 얻는 습관을 어쩌다가 갖게 되었는지 스스로 진단해 봤습니다. 아마도 지금까지 수많은 책을 읽어둔 정보가 서랍에 담겨 있다가 어떤 자극을 받으면 나오는 듯합니다.

단서 하나를
펼친다

인풋이 없으면 아웃풋이 끊어집니다. 어떤 작가가 쓴 소설을 읽어보면 쉽게 알 수 있습니다. 인풋이 있는 사람은 하나의 단서를 펼치는 방법이 굉장합니다. 예를 들자면 교고쿠 나쓰히코는 오직 하나의 단서로 벽돌 같은 두께의 책을 써냅니다. 반대로 많은 주제와 장치를 뿌려놓고도 달랑 200페이지 분량밖에 못 쓰는 사람을 보면 힘들겠다는 생각이 듭니다. 단서는 많은데 유기적으로 결합하지 못해 정보와 지식이 모두 끊어진 상태에서 막다른 골목에 부딪히고 맙니다. 머릿속에 축적된 지식의 연결 방법을 확립하지 못해 하나의 단서로 화제를 넓힐 수 없는 겁니다. 좋은 작품이 되고 안 되고의 여부는 역시 인풋의 양과 비례합니다.

책이 좋아서 열심히 읽는 사람과 1년에 한두 권밖에 읽지 않는 사람이 동시에 소설을 쓰기 시작하면 당연히 차이가 벌어집니다. 책을 좋아하는지 좋아하지 않는지보다 그때까지의 환경이 더 중요하다고 딱 잘라 말할 수는 없다고는 해도 시작 단계에서 이미 누가 적합한지는 정해졌을 테죠. 작품을 쓰기에 부적합하니까 하지 말라는 뜻이 아닙니다. 작가로 부적합해도 방법만 고민하면 일할 수 있고 반대로 익숙해도 방법이 틀리면 소설은 쓸 수 없습니다. 바로 이 점이 어려운 부분입니다.

영상화를 대하는 방법

제 데뷔작이 영상화되었을 때는 아무래도 처음 겪는 일이라 쉽게 양보하지 못하는 부분들이 많았습니다. 그러나 두 번째, 세 번째, 네 번째가 되니 다 괜찮아졌습니다. 어차피 원작과 영상 작품은 별개 작품임을 알게 되었으니까요.

소설 작품을 그대로 영상으로 옮기면 네 시간 반은 넘겨야 할 텐데 영상화가 되면 두 시간짜리 작품으로 탄생하니 완전히 다른 작품인 셈입니다. 그런데 원작자가 눈에 불을 켜고 일일이 간섭하면 영상화를 담당하는 사람들의 일이 진행되질 않습니다. 영상화는 자신의 이름을 알릴 절호의 기회이므로 적극 활용하는 방향으로 마음을 먹는 게 정신 건강상 좋습니다. 만약 영화의 완성도가 떨어지면 원작이 더 낫다고 불평은 할 수 있습니다. 가급적 긍정적인 방향으로만 생각하면 분노 대부분은 사라집니다.

곤란한 의뢰

저는 강연 의뢰를 처음 받았을 때 가장 곤란해했습니다. 두 시간 정도 청중을 대상으로 얘기해달라는 의뢰는 그래도 괜찮았습니다. 반면 소설 강좌의 강사를 맡아달라는 의뢰는 힘들었습니다. 다른 사람의 글을 평가하고 그 평가를 본인에게 직접 해야 하는 것만은 할 수 없었습니다. 평론은 거절하는 대신 제가 원하는 이야기만 하기로 했는데도 힘들었습니다. 청중의 반응이 전혀 없었으니까요. 소설 강좌를 맡고서 저는 사람을 가르치는 일을 정말 못한다는 사실을 알았습니다. 이후 소설 강좌 강연도 맡지 않았습니다.

단행본과
문고판

요즘은 문고판과 단행본의 가격이 거의 비슷해지고 있습니다. 지금까지는 문고판으로 버는 사람과 단행본으로 버는 사람이 나뉘어 있었는데 지금은 그렇게 나누기가 어렵습니다. 앞으로는 아마 프리미엄이 없는 단행본은 팔리지 않을 겁니다. 하드 커버 양장본이나 교고쿠 나쓰히코의 10만 엔짜리 특별 금박 단행본 같은 게 팔립니다. 단행본은 점점 프리미엄 상품이 될 것 같습니다. 특전을 붙여야 팔리겠죠.

문고판도 비싸져서 흥미를 끌 만한 사람에게 해설을 쓰게 하는 등 나름대로 프리미엄 느낌을 내지 않으면 팔리지 않습니다. 10년 전과 같은 방법으로는 팔지 못하는 시대죠. 당연히 팔리는 출판사와 안 팔리는 출판사의 격차도 벌어지겠죠. 즉, 판매 능력에서 차이가 납니다. 그다음으로는 출판사의 작가 선정 기준과 섭외 능력에 따라 나뉩니다. 출판사 분위기나 예산, 인기와 어울리는 사람을 고르려고 할 겁니다. 유명인이라고 반드시 의뢰가 온다는 법은 없습니다. 이런 상황에서는 역시 많이 쓰는 사람, 다양한 장르를 쓰는 사람이 살아남을 겁니다.

편집자와
교류하는 방법

 편집자는 클라이언트이고 작가는 하청업자라는 자세만 유지하면 실패할 일은 절대 없습니다. 클라이언트와 하청업자라는 대원칙을 잊을 때 실패합니다. 편집자가 자신과 이인삼각으로 책을 만든다고 생각하면 오산입니다. 작품을 만드는 사람은 바로 당신입니다. 편집자에게 가르침을 바라거나 정보를 요청하거나 관리를 바랄 처지가 아니라는 겁니다. 자신의 관리 정도는 스스로 해야 합니다. 그 일은 직접 해야 하는 일입니다.
 편집자와의 궁합을 따져볼 수는 있습니다. 둘 다 사람과 사람인지라 맞거나 맞지 않을 수는 있죠. 그러나 서로 궁합이 맞지 않는다고 일하기 싫어해서는 안 될 일입니다. 피차 성인이므로 궁합이 맞든 맞지 않든 비즈니스적으로 대화하며 일하면 됩니다.
 다시 말하지만 작가는 하청업자이므로 상대가 상품을 내놓

으라고 요구할 겁니다. 편집자는 첫 번째 독자이므로 그가 재미있다고 생각하면 그 사람 뒤에 있는 수만 명이 재미있다고 생각할 거라는 사실을 의심하지 말길 바랍니다. 편집자를 즐겁게 할 글을 써야 합니다. 반대로 편집자가 싫어할 만한 글을 쓸 생각은 버리길 바랍니다.

저는 편집자와 의견 충돌을 일으키지 않으려고 합니다. 처음 편집자와 만났을 때 가령 한 시간의 미팅 시간이 주어진다면 일 이야기는 5분으로 끝내고 나머지 55분은 수다를 떨며 그 사람의 기호와 사고방식을 파악하는 편입니다. 그러면 괜한 충돌을 막을 수 있습니다.

일단 편집자와는 가볍게 일상적으로 교류합니다. SNS에는 작가와 편집자의 갈등 이야기가 종종 올라옵니다. 제가 보기에는 90퍼센트는 작가 책임입니다. 일단 절대적인 숫자가 다릅니다. 편집자가 더 적고 작가는 널려 있으니까요. 그렇다면 갈등이 일어났을 때 의외로 작가에게 원인이 있다고 생각할 가능성이 큽니다. 물론 예외는 있습니다. 그러나 편집자는 기본적으로 상식인입니다. 이것도 물론 예외는 있겠지만 일반적으로는 상식인이 더 많습니다.

편집자에게는 작가의 책을 팔아보겠다는 기본 목표가 있습니다. 작가들의 책을 팔고 싶어서 여러 이야기를 해주는 것이므로 진지하게 들어야 마땅합니다. 편집자의 조언에 시시콜콜 자신의 생각을 반론으로 제기하면 갈등이 불거질 뿐입니다. 편집자는 책을 팔려고 애쓰는데 정작 쓰는 본인은 자신을 표현하려고 글을 쓴다고 착각해서 갈등이 생기는 겁니다. 둘 다 옳기는 하나 방향이 달라 문제가 발생하죠. 이럴 때는 어디선가 합의를 보는 게 가장 좋은 방법입니다. 결국 어떻게 해야 책이 팔릴지로 귀결됩니다. 편집자의 주장이 맞다는 소리죠. 따라서 작가는 어느 정도 자아를 죽여야 합니다. 기본적으로 책을 쓰는 것도 중요하나 파는 것도 중요하니까요.

이따금 작가가 SNS에 편집자에 대한 불만을 적고는 합니다. 그래서는 안 됩니다. 편집자는 SNS로 반론할 수 없는 처지니까요. 한쪽은 발언하고 다른 한쪽은 발언하지 못한다면 불공평합니다. 직접 만나 얘기해야 합니다. 그런 면에서도 작가는 SNS를 안 하는 게 좋습니다.

작가끼리의 교류

다카라지마샤의 「이 미스터리가 대단해!」 대상을 타며 데뷔하고서 코로나바이러스가 유행하기 전까지는 「이 미스터리가 대단해!」 출신자의 회식에 정기적으로 출석했습니다. 정말 다양한 사람이 모입니다. 저는 그런 자리에서 젊은 작가들에게 많이 쓰고 편집자와 인간적 교류는 하지 말라고 조언합니다.

작가끼리 사이좋게 지내는 건 나쁘지 않습니다. 과거에는 거물 선배들이 긴자의 문단 바에 데려가주기도 했는데 지금은 그런 일도 없죠. 다만 무명 작가끼리의 모임은 서로의 상처를 보듬어주는 걸로 끝날 뿐이라 의미가 없습니다. 동년배이면서 비슷한 작품을 쓰는 사람만 모이는 모임은 앙금이 쌓이기 상당히 쉽습니다.

저는 다른 사람 험담은 입에 담지 않습니다. 어디나 호사가는 있기 마련이죠. "편집자에게 이런 말을 들었어", "이렇게 약속했는데 막상 아니었어", "여기 출판사는 이런데 저기 출판사는 이래" 등 원고료나 초판 부수 차이 같은 이야기만 하는 사람들이 있습니다. 그들의 말을 듣고 있으면 그가 출판사의 신뢰를 얻지 못했다거나 꽤 큰 출판사임에도 초판 부수가 적다는 것을 알게 됩니다. 반대로 신인이 잘나가는 이야기를 듣는 건 기쁩니다. 신인을 키우지 않으면 소설 업계는 망할 테니까요. 그래서 다른 사람의 책이라도 일단 잘 팔렸다는 소리를 들으면 좋습니다.

작가의
SNS에 대해

SNS 얘기가 나왔으니 잠깐 그 이야기를 하죠. SNS란 아무리 본명으로 운영해도 역시 다른 인격의 소통 창구에 불과합니다. 글자 수 제한도 있고 여러 규제도 있으니까요. 작품에서도 SNS를 하는 사람을 등장시킬 때 사람을 둘로 나눠 써야 해서 귀찮습니다. 독자는 그런 번거로움을 알기 힘들 겁니다. 저도 시험 삼아 SNS 범죄를 다룬 작품도 쓰긴 했습니다.

작가는 SNS를 하지 않는 게 좋다고 생각합니다. 무엇보다 귀찮잖아요. SNS에 글을 올리기보다 원고를 쓰는 게 더 빠릅니다.

신인 작가와 작가 지망생들에게 하고 싶은 말이 있습니다. 정말 하고 싶은 말이 있으면 SNS가 아니라 소설을 쓰는 게 낫다는 것입니다. SNS로는 뭘 하든 장점보다 단점이 많은 느낌입니다. 물론 알림이나 홍보에만 쓴다면 좋습니다. 홍보도 하기 나름입니다. 신간 정보를 올리고 "초반 분위기가 중요하므로 사주세요!" "일주일 이내에 중쇄해야 해요!" 같은 글을 덧붙이는 것은 오히려 역효과를 냅니다. 즉, 자신의 책이 팔리지 않고 있다는 것을 직접 내뱉는 거나 마찬가지니까요. 왜 역효과가 될 일을 하는지 의문입니다.

책 홍보는 작가가 가만히 있어도 출판사가 알아서 해줍니다. 홍보를 해주지 않는다면 자신에게 상품 가치가 없기 때문임을 얼른 눈치채야겠죠. 자신의 책이 팔리길 바라는 초조한 마음은 너무나 잘 압니다. 하지만 그런 이유로 SNS를 하다가 갈수록 늪에 빠지는 사람을 여럿 봤습니다. 작가가 홍보만 하고 있으면 오히려 팔로워가 준다는 데이터도 있습니다. 작가가 자기 홍보를 시작해서 싫어졌다는 독자도 많습니다. 저는 함께 일하는 출판사가 10여 곳 되는데 그 출판사들이 제대로 홍보하므로 오히려 저는 홍보하지 않을 생각입니다.

일본에서 정기적으로 자기 용돈을 털어 책을 사는 사람은 2만 명이라고 합니다. 그 말은 그 사람들 이외의 사람이 책을 사야 베스트셀러가 된다는 말입니다. 그러려면 일단 자신의 책이 팔리지 않는 상황에 놓여 있다는 걸 사람들이 알면 안 될 테니 작가가 나서서 구매를 구걸하는 홍보는 안 하는 게 좋겠죠. 특히 팬이 아니면 오히려 그 사람의 속사정에 대한 궁금증이 상당하므로 SNS는 위험한 도구입니다.

요네자와 호노부의 SNS는 아주 멋지다고 하더군요. 신간도 적극적으로 알리는 것처럼 보이지 않습니다. 오히려 일상을 유머러스하게 다루어 보는 맛이 있습니다. 가장 이상적인 형태입니다.

얼마 전 저는 싫어하는 걸 보고 말았습니다. 일전에 아베 전 총리를 놓고 여러 사람이 비난하는 해시태그를 올렸다가 그가 세상을 떠나자 해시태그를 삭제한 일이 있습니다. 그중에는 작가도 있었습니다. 그런 모습을 보고 한심하다고 생각했습니다. 다른 사람의 험담을 끊임없이 내뱉고 험담을 지우지도 않고 살면 본인은 편할지 모르나 존경할 수는 없죠. 반대로 조건 반사처럼 해시태그를 지우는 사람과도 그다지 친해지고 싶지 않습니다. 덧붙이자면 어떤 해시태그가 유행할 때 득달같이 달려드는 사람은 천박합니다. 정치적 발언을 하는 듯 보이나 실은 자신의 울분을 터뜨리는 것뿐입니다. 누군가의 천박함은 작품에도 그대로 드러납니다. SNS는 사람의 본성을 드러내는 장치입니다. SNS를 살펴보고 있으면 누구라도 싫어할 만한 인간을 얼마든지 찾아내 쓸 수 있죠. 다만 직접 하고 싶은 마음은 안 듭니다.

한 작가가 말했습니다. 자신이 가장 무서워하는 상대는 SNS도, 게임이나 휴식도 아니고 그저 죽어라 원고를 쓰는 녀석이라고요. 뒤집어 말하자면 온종일 SNS를 하고 게임도 즐기고 쉬면서 작품을 쓰려고 하니까 마음대로 안 되는 게 아닐까요.

희로애락은 없다,
희희낙락밖에 없다

스트레스 발산 방법은 딱히 없습니다. 무엇보다 스트레스가 없으니까요. 매일 그저 담담하게 일정한 상태로 원고를 쓸 뿐입니다. 집필 중에 감정이 오르내린다는 사람을 오히려 이해할 수 없습니다. 직장인 때도 그랬습니다. 기분을 기준으로 일하는 사람을 신뢰하기는 어렵겠죠.

일상생활에서도 감정이 흐트러지는 일은 없습니다. 부부싸움을 한 적도 없습니다. 기본적으로 화를 내지 않습니다. 화내면 피곤하므로 화날 것 같으면 혼자 머리를 식힙니다. 화내는 게 이득일 때는 화난 척도 합니다. 그러나 기본적으로 진짜 화가 난 적은 한 번도 없었던 것 같습니다.

애초에 다른 사람에게 무슨 말을 들어도 별생각이 없습니다. 칭찬을 듣고 기뻐한 적도 거의 없습니다. 희로애락이 거의 없답니다. 희희낙락 정도가 있을까요. 저는 늘 웃는 편입니다. 사람들이 경멸해도 별일 아니라 생각하고 반대로 칭찬받아도 별

것 아니라 생각합니다. 많은 사람이 자주 말하는 인정 욕구도 제로라 실실 웃고 있을 수 있답니다.

책이나 영화를 보고 우는 일은 자주 있습니다. 〈E.T.〉는 일정한 장면이 나오면 파블로프의 개처럼 반응해 웁니다. 책을 읽고 감동한 적도 있습니다. 다만 생활 속에서 우는 일은 거의 없습니다. 굳이 말하자면 아이가 태어났을 때 정도일까요.

화내는 건
손해다

물론 다른 사람이 제게 피해를 줄 때는 있습니다. 집필 의뢰를 받아 열심히 원고를 썼는데 기획이 무산되어 원고가 공중에 뜨는 경우가 대표적입니다. 하지만 그것도 다음 기회에 다른 출판사에 제출해 제대로 원고료를 받아서 행운이었습니다.

대체로 화날 일이란 시점을 바꾸면 그리 화낼 일이 아닐 때가 많습니다. 무엇보다 화를 내면 피곤해요. 그보다는 실실 웃는 게 편합니다. 화를 낸다고 해서 기분이 후련해지지도 않습니다. 오히려 나중에 화낸 자신이 한심해질 뿐입니다. 그렇게 생각하면 화내지 않는 편이 정신 건강에 좋다는 결론에 자연스레 도달합니다.

만약 자신이 하고 싶은 게 있는데 상대방이 들어주지 않거나 거부당하면 누구라도 번민하고 갈등할 겁니다. 그럴 때 사람은 안 좋은 일을 저지르고 맙니다. 기분이 엉망일 때는 그다지 생산적이지 않죠.

저는 종종 인간은 언젠가 죽는다는 것을 떠올립니다. 따라서 유용하게 사는 게 이득이고 인정 욕구는 없는 게 낫고 화를 내지 않는 게 편하다는 결론이 나옵니다.

저는 학교에 다닐 때도 사회인이었을 때도 하고 싶은 일만 해서 선생님이나 상사에게 무슨 말을 들어도 개의치 않았습니다. 말을 좀처럼 안 들어서 상사들이 싫어했지만요. 직장인 생활은 즐거웠습니다. 직장 생활만큼 편한 일은 없었습니다. 대상을 받았을 때도 겸업하며 정년퇴직까지 회사에 남으려고 했을 정도로요.

서점은
작가의 성적표

　직장인일 때 제 일을 드러내 보여주는 사람은 상사뿐이었습니다. 지금은 제 일을 여러 사람이 나누어 독자들에게 보여줍니다. 물론 제가 쓴 책을 집어던지는 사람도 있겠지만 어쨌든 제 일의 성과가 눈에 보이는 건 보람으로 이어집니다.

　자기 책이 재밌는지 재미없는지, 팔리는지 안 팔리는지는 서점에 가면 바로 압니다. 팔리는 책은 입구 가까이에 놓여 있고 안 팔리는 책은 깊숙이 박혀 있으니까요. 서점은 작가의 성적표입니다.

　보람을 느낀다는 건 인정 욕구와는 조금 다릅니다. 서점이라는 성적표는 자신이 얼마나 많은 사람을 즐겁게 했는지를 알려주는 증거입니다. 인정 욕구는 누군가에게 인정받고 싶다, 즉 방향성이 자신에게 있습니다. 보람은 그 방향이 반대, 즉 독자에게 향해 있습니다. 모두를 행복하게 하는 게 제 기쁨입니다.

　작가로서의 일은 기본적으로 독자에게 가상 체험을 하게 하는 것입니다. 평소 일하다 보면 힘들 때도 슬플 때도 분할 때도 있고 어쩔 줄 모를 때도 있습니다. 제 책을 읽을 때만큼은 독자들이 그런 시름을 잊을 수 있다면 제 책이 공헌하고 있다고 생각할 수 있습니다. 다른 사람들이 자는 시간에도 일어나 밤을 새우며 원고지를 채우고 올림픽도 WBC도 보지 않고 원고를 쓰지만 완성된 책을 누군가가 즐겁게 읽어준다면 어떤 작업이나 밤샘도 낭비는 아닐 겁니다. 그리고 내가 죽더라도 책은 남는다는 사실을 늘 가슴 깊이 새기고 삽니다. 결국 제 책은 읽어준 사람의 일부가 되어 남습니다. 이렇듯 혼을 남긴다는 건 좋은 일이라고 생각합니다.

내 마음 속
데즈카 오사무

저 스스로 정한 규칙이 한 가지 있습니다. 연재를 빼먹지 않는다는 겁니다. 그것만큼은 지키고 있습니다. 지금 한 달에 여덟 건의 연재를 책임지고 있는데 일이 있어 행복합니다. 집필 의뢰가 없으면 작가의 생명은 끝입니다. 작가로서 한가한 게 제일 무섭습니다.

가장 연재가 많았을 때는 한 달에 열네 건이나 맡았습니다. 신문 조간과 석간 연재를 동시에 진행했죠. 연재를 열네 건이나 할 때는 정말 힘들었습니다. 그래도 그때는 그때대로 어떻게든 돌아갔습니다. 나중에 조간과 석간 연재물이 모두 영화로 제작되어 다행이라고 생각합니다.

저는 제 역량에 넘치는 의뢰라도 일단 받습니다. 의뢰를 받았다가 도무지 안 될 것 같으면 백기를 들 생각입니다. 13년간 글을 써오며 깨달은 사실인데 인간의 뇌는 그리 작지 않더군요.

제가 늘 마음에 담고 있는 사람은 데즈카 오사무입니다. 그는 괴물입니다. 죽기 직전에도 연재를 세 건 책임지고 있었다고 합니다. 심지어 침대에 누워서도 이야기를 만들었다고 합니다.

문학계에서도 아카가와 지로, 니시무라 교타로, 모리무라 세이이치, 우치다 야스오라는 쟁쟁한 분들이 있습니다. 책을 무려 400권이나 600권을 쓴 분들이 있으므로 제가 지금 연재 몇 건으로 고생한다고 하면 응석이나 부리는 얘기겠죠. 그분들과 같은 시대에 살았다면 비웃음을 당했을 겁니다. 작품 내용이나 공적은 비교할 바는 못 되나 적어도 집필 스타일을 비웃지는 않을 겁니다.

또 다른 규칙이 있습니다. '놀고 싶다' 혹은 '쉬고 싶다'라는 생각을 한 번이라도 하면 펜을 놓을 생각입니다. 스스로 자신이 게으른 인간임을 알기에 한 번이라도 그런 생각을 하면 이미 게을러져 있다는 소리입니다. 그러므로 절대 놀고 싶다거나 쉬고 싶다고 생각하지 않으려고 자신을 다스리고 있습니다. 이 규칙을 지킬 수 있는 한 계속 글을 쓸 겁니다.

모든 것은
계속 쓰기 위한 활동

 앞으로의 목표가 뭐냐고 물으면 컴퓨터 키보드를 두드리다가 죽는 것이라고 대답할 겁니다. 데즈카 오사무처럼 마지막까지 현역으로 있고 싶습니다. 도중에 쓸 수 없게 되어 세상에서 잊히고 죽은 후 신문 기사 부고란에 세 줄로 적히는 인생만은 피하고 싶습니다.
 쉰 살에 직장인을 그만둘 때 앞으로의 인생은 덤이라고 생각했습니다. 배부른 소리일지 몰라도 그렇게 생각하며 살았기에 언제 죽어도 괜찮습니다. 단, 완전 연소하고 싶습니다. 그러므로 쉬지도 놀고 싶지도 않습니다. 덤으로 얻은 인생이므로 어떻게 써도 괜찮다고 생각하며 살고 있습니다.
 제 생활의 모든 건 쓰기 위한 전제 조건에 불과합니다. 식사도 쓰기 위한 체력을 유지하려고 먹습니다. 책도 영화도 정수를 받아들여 다음 작품에 활용하려고 읽고 봅니다. 모든 생활은 소설을 쓰기 위해 소비하는 과정이라고 생각합니다. 그러지 않으면 저를 작가로 선택해준 심사위원들에게 죄송하고 제 책을 사서 읽는 독자들에게 미안할 뿐입니다.

죽을 때까지 현역으로, 키보드를 두드리다가 문득 의식이 사라져 그대로 죽는 게 꿈입니다. 비록 미완의 원고가 생길 테지만 출판되지 않은 원고가 더 많을 겁니다. 2024년 현재 이미 완성해 출판을 기다리는 원고가 열 편 정도입니다. 2030년 3월까지 매년 홀수 달에 단행본이 나오고 짝수 달에는 문고가 나오는 걸로 압니다. 지금 죽으면 연재 여덟 건은 미완성이겠으나 열 편 이상은 출판이 정해져 있는 셈이죠.

한 작가가 죽고 나서 장례식 제단에 전 작품을 올려놓은 것을 본 적이 있습니다. 권수가 달랑 아홉 권이었습니다. 담당 편집자가 조문을 왔다가 그 장면을 보고 "좀 더 열심히 일하게 할걸"이라며 안타까워했습니다. 그 작가의 팬이었던 저는 정말 마지막 순간에 제 담당 편집자가 그런 말을 하게 해서는 안 된다고 생각했습니다. 좋은 작품을 쓸 수 있는 사람이 제대로 쓰지 못했다는 건 독자와 편집자에 대한 배신행위니까요. 작가로 데뷔하면 목숨이 붙어 있는 한 계속 써야만 보람을 느낄 수 있습니다.

저 또한 목숨이 붙어 있는 한 쓰자고 생각합니다. 그러지 않으면 제가 공모전에 당선됐을 때 떨어진 사람들에게도 미안한 일입니다. 저를 선택해준 출판사에도 미안하고요. 여러 사람에게 미안하죠. 따라서 완전 연소하고 싶다는 말은 저를 위한 말이기도 하지만, 역시 저를 여기까지 키워준 사람들과 제 책을 읽어준 사람들, 관계자들에 대한 의리이기도 합니다. 그야 이 일, 저 혼자서는 할 수 없으니까요.

참고 문헌

책에 소개된 작품 및 작가, 저서를 담았다.

작품 목록

S.S. 밴 다인, 『그린 살인 사건』
애거사 크리스티, 『ABC 살인 사건』, 『삼나무 관』
엘러리 퀸, 『이집트 십자가 미스터리』, 『Y의 비극』
윌리엄 L. 데안드리아, 『호그 연쇄살인』
요코미조 세이시, 『옥문도』
다카기 아키미쓰, 『문신 살인 사건』
시마다 소지, 『기발한 발상, 하늘을 움직이다』
도로시 L. 세이어즈, 『나인 테일러스』
야쿠마루 가쿠, 『천사의 나이프』
아야쓰지 유키토, 『십각관의 살인』
에도가와 란포, 『추리 소설 속 트릭의 비밀』
쓰즈키 미치오, 『노란 방은 어떻게 개장되었나?』
펠럼 그렌빌 우드하우스, 『지브스 이야기』
오사와 아리마사, 『잘나가는 작가의 모든 기술』(국내 미발간)

233

작가 목록

히가시노 게이고 東野圭吾

1958년 오사카에서 태어났다. 오사카부립대학을 졸업하고 엔지니어로 일하다가 1985년 『방과 후』로 제31회 에도가와 란포상을 받으며 데뷔했다. 1999년 『비밀』로 제52회 일본 추리작가협회상, 2006년 『용의자 X의 헌신』으로 제134회 나오키상, 2012년 『나미야 잡화점의 기적』으로 제7회 중앙공론문예상, 2013년 『몽환화』로 제26회 시바타 렌자부로상, 2014년 『기도의 막이 내릴 때』로 제48회 요시카와 에이지 문학상을 받았다.

요코미조 세이시 橫溝正史

1902년 고베에서 태어났고 1981년에 영면했다. '긴다이치 코스케' 탐정으로 유명한 일본 본격 미스터리의 거장. 구제국오사카약전을 졸업하고 가업인 약국을 운영하며 글을 쓰다가 에도가와 란포의 권유로 출판사에 입사해 편집자로 일했다. 제2차 세계대전 후 「보석」에 발표한 『혼진살인사건』으로 제1회 탐정작가클럽(현 일본 추리작가협회상) 장편상을 받은 이후 「문예춘추」가 역대 일본 최고의 본격 미스터리로 선정한 『옥문도』를 비롯해 명작을 줄줄이 발표했다. 한때 절필하기도 했는데 1976년 영화 〈이누가미 일족〉이 대성공을 거두며 재평가되었다.

다카기 아키미쓰 高木彬光

1920년 아오모리에서 태어났고 1995년 영면했다. 교토대학 공학부를 졸업하고 1948년 에도가와 란포의 추천으로 『문신 살인사건』을 발표하며 데뷔했다. 1949년 『가면 살인사건』으로 탐정작가클럽상을 받았다. 법의학자이자 의학 박사 캐릭터인 가미즈 교스케 탐정이 유명하며 『인형은 왜 살해되는가』, 『대낮의 사각』, 『파계 재판』 등 대담한 추리 방식을 차례로 제시하며 평단과 독자의 찬사를 받았다.

시마다 소지 島田莊司

1948년 히로시마에서 태어났다. 무사시노 미술대학을 졸업하고 덤프트럭 운전사로 일하며 일러스트레이터와 아티스트로 앨범도 발매하는 등 다양한 직업을 거쳐 1980년 『점성술 살인사건』을 발표하며 '신본격' 운동을 이끌었다. 「명탐정 미타라이 기요시」와 「형사 요시키 다케시」 시리즈 합계 100권 이상의 단행본을 출간했으며, 2008년 일본 미스터리 문학 대상을 수상했다.

야쿠마루 가쿠 藥丸岳

1969년 효고현 아카시에서 태어났다. 다카노 가즈아키의 데뷔작 『13계단』을 읽고 충격을 받아 소설가가 되기로 마음먹고 각고의 노력 끝에 2003년 33세의 나이에 『천사의 나이프』로 제51회 에도가와 란포상을 받았다. 2015년 발표한 『침묵을 삼킨 소년』으로 2016년 제37회 요시카와 에이지 문학 신인상을 수상했다.

마쓰모토 세이초 松本淸張

1909년 기타큐슈의 소도시 고쿠라에서 태어났고 1992년에 영면했다. 1950년 「주간 아사히」 공모전에 데뷔작 「사이고사쓰」가 당선되며 데뷔했다. 「어느 '고쿠라 일기' 전」이 나오키상 후보에 올랐다가 아쿠타가와상을 수상하며 당대 큰 화제를 모으면서 일본 문학의 거인, 국민 작가의 자리에 올랐다. 대표작으로 『점과 선』, 『눈의 벽』, 『제로의 초점』, 『눈동자의 벽』, 『모래그릇』 등이 있다.

오사와 아리마사 大澤在昌

1956년 아이치현 나고야시에서 태어났다. 게이오대학 법학부를 중퇴하고 작가의 꿈을 키우다가 1979년 『감상의 길모퉁이』로 제1회 소설 추리 신인상을 받으며 데뷔했다. 1990년 『신주쿠 상어』로 제44회 일본 추리작가협회상과 제12회 요시카와 에이지 문학 신인상을 동시에 받으며 대중적인 인기 작가로 급부상했다. 1993년 『무간 인형 - 신주쿠 상어 4』로 제110회 나오키상, 2004년 『판도라 아일

랜드』로 제17회 시바타 겐자부로상, 2006년 『낭화-신주쿠 상어 9』로 제25회 일본 모험소설협회 대상을 수상하였다.

아카가와 지로 赤川次朗
1948년 후쿠오카에서 태어났다. 졸업 후 서점에서 일했고 일본 기계학회에서 일하면서 원고를 투고해 1976년 『유령열차』로 올요미모노 추리소설 신인상을 받으며 데뷔했다. 『악처에게 바치는 레퀴엠』으로 1980년 제7회 가도카와 소설상, 『괴담』으로 제35회 일본 추리작가협회상을 받았다. 「세 자매 탐정단」, 「스기하라 사야카」 등 다양한 시리즈로 라이트 미스터리를 선보였다.

아야쓰지 유키토 綾辻行人
1960년 교토에서 태어났다. 교토대학 미스터리 연구회에서 활동한 시마다 소지의 추천으로 1987년 『십각관의 살인』을 발표하며 데뷔했다. 「관」 시리즈를 통해 퍼즐 풀이와 트릭 등 고전 미스터리로 돌아가자는 '신본격' 운동의 기수로 활동했다.

에도가와 란포 江戶川亂步
1894년 미에현에서 태어났고 1965년에 영면했다. 본명은 히라이 타로平井太郞. 에드가 앨런 포의 이름을 따서 필명으로 사용했다. 와세다대학을 졸업하고 서점 경영과 잡지 출간에 도전했으나 실패하고 1923년 「신청년」에 『2전짜리 동전』을 발표하며 데뷔했다. 일본을 대표하는 탐정 '아케치 고고로'를 탄생시키며 다양한 장르의 작품을 선보였다. 1947년 '탐정작가클럽', 1954년 추리 소설 문학상인 '에도가와 란포상'을 만드는 등 일본 미스터리를 이끌어왔다.

쓰즈키 미치오 都筑道夫
1929년 도쿄에서 태어났고 2003년 영면했다. 제2차 세계대전 이후 서점 직원, 극장 카피라이터, 출판사 편집자 등을 거치며 다양한 글을 썼을 뿐만 아니라 번역에도 참여했다. 1959년 본격적으로 집필 활동을 시작해 방대한 작품을 발표했다. 2001년 『추리 작가가 되기까지』로 제54회 일본 추리작가협회 평론 부문상, 2002년에는 제6회 일본 미스터리 문학 대상을 받았다.

노사카 아키유키 野坂昭如

1930년 가나가와현 가마쿠라에서 태어났다. 와세다대학을 졸업하고 가수, 방송작가 등을 거쳐 1967년 『반딧불의 묘』로 나오키상을 받았다. 이 작품은 1988년 애니메이션으로 제작되어 명작의 반열에 올랐다. 이 밖에도 1984년 고단샤 에세이상, 1997년 요시카와 에이지 문학상, 2002년 이즈미 쿄카 문학상을 받았다.

아라이 야스코 新井素子

1960년 도쿄에서 태어났다. 릿교대학 문학부 졸업했다. 대학 재학 중이던 1981년 『그린 레퀴엠』, 1982년 『넵튠』으로 2년 연속 세이운상 일본 단편 부문을 수상했다. 1999년에는 『티그리스와 유프라테스』로 제20회 일본 SF 대상을 받았다.

와카타케 치사코 若竹千佐子

1954년 이와테현에서 태어났다. 주부로 생활하며 55세부터 소설 강좌를 듣고 『나는 나대로 혼자서 간다』를 완성해 2017년 제54회 문예상을 63세에 수상하며 사상 최연장 기록을 세웠고 2018년에는 이 작품으로 158회 아쿠타가와상을 받았다.

모리무라 세이이치 森村誠一

1933년 사이타마현에서 태어났다. 아오야마가쿠인대학 영문과를 졸업하고 호텔에서 근무했으며 호텔 퇴직 후에는 비즈니스 강사로 일하며 글을 쓰기 시작했다. 1969년 『고층의 사각지대』로 제15회 에도가와 란포상을 받으며 데뷔하고 1972년 『부식의 구조』로 제25회 일본 추리작가협회상, 1975년 『인간의 증명』으로 제3회 가도카와 소설상을 받았다. 『초고층 호텔 살인 사건』, 『청춘의 증명』, 『야성의 증명』 등의 대표작이 있다.

가이도 다케루 海堂尊

1961년 지바현에서 태어났다. 지바대학교 의과대학을 졸업해 외과의, 병리의로 활동하며 의학 미스터리를 대거 발표했다. 『바티스타 수술팀의 영광』, 『나이팅게일의 침묵』, 『아리아드네의 탄환』 등이 있다.

무라카미 하루키 村上春樹

1949년 교토에서 태어났고 와세다대학 문학부를 졸업했다. 1979년 『바람의 노래를 들어라』로 군조 신인 문학상을 받으며 작가로 데뷔했다. 이후 1982년 『양을 쫓는 모험』으로 노마 문예 신인상, 1985년 『세계의 끝과 하드보일드 원더랜드』로 다니자키 준이치로상, 1994년 『태엽 감는 새』로 요미우리 문학상을 받고 2005년 『해변의 카프카』로 「뉴욕타임스」 '올해의 책'에 선정되었다. 1987년 『상실의 시대』로 하루키 붐을 일으킨 이래 『스푸트니크의 연인』, 『댄스 댄스 댄스』, 『국경의 남쪽, 태양의 서쪽』, 『먼 북소리』, 『1Q84』, 『기사단장 죽이기』까지 작품을 발표할 때마다 전 세계 독자들의 사랑을 받았다. 2006년 프란츠 카프카상을 비롯해 세계적인 문학상을 다수 받았다.

이사카 고타로 伊坂幸太郎

1971년 지바현에서 태어났고 도호쿠대학 법학부를 졸업했다. 2000년 『오듀본의 기도』로 제5회 신초 미스터리클럽상을 받으며 데뷔했다. 2004년 『집오리와 들오리의 코인로커』로 요시카와 에이지 문학 신인상, 같은 해 『사신 치바』로 일본 추리작가협회상 단편 부문, 2008년 『골든 슬럼버』로 야마모토 슈고로상과 서점 대상, 2009년 「이 미스터리가 대단해!」 1위까지 3관왕을 달성했다. 『러시 라이프』, 『중력 삐에로』, 『그래스호퍼』, 『칠드런』, 『사막』 등의 작품이 있다.

교고쿠 나쓰히코 京極夏彦

1963년 홋카이도에서 태어났다. 요괴 연구가이고 디자인 회사에서 근무한 후 자기 회사를 설립한 디자이너이기도 하다. 1994년 『우부메의 여름』으로 데뷔한 이래 1996년『망량의 상자』로 제49회 일본 추리작가협회상, 1997년『비웃는 이에 몬』으로 제25회 이즈미 쿄카 문학상, 2003년『엿보는 고헤이지』로 제16회 야마모토 슈고로상을 받았고, 2004년「항설백물어」시리즈의 세 번째 작품『후 항설백물어』로 제130회 나오키상을 받았다.

요네자와 호노부 米澤穗信

1978년 기후현에서 태어났다. 고향 서점에서 근무하며 글을 썼고 2001년『빙과』로 제5회 가도카와 학원소설 대상 장려상을 받으며 데뷔한 후 도쿄로 나와 전업 작가로 생활을 시작했다.『부러진 용골』로 제64회 일본 추리작가협회상, 2014년『야경』으로 제27회 야마모토 슈고로상, 2021년『흑뢰성』으로 제12회 야마다 후타로상과 제166회 나오키상을 받았다.『왕과 서커스』,『인사이트 밀』,『추상오단장』,『진실의 10미터 앞』,『가연물』등의 작품이 있다.

니시무라 교타로 西村京太郎

1930년 도쿄에서 태어났다. 도립 전기공업학교를 졸업하고 11년간 공무원으로 근무한 후 경비원, 영업사원, 사립 탐정 등의 일을 전전하며 글을 썼다. 1963년 단편「일그러진 아침」으로 제2회 올요미모노 추리소설 신인상을 받으며 데뷔해 1965년『천사의 상흔』으로 제11회 에도가와 란포상을 받았다. 데뷔 이래 500권 이상의 책을 발표한 것으로 유명해 2004년 그 공헌을 인정받아 제8회 일본 미스터리 문학 대상을 받았다.

우치다 야스오 內田康夫

1934년 도쿄에서 태어났다. 도요대학 문학부를 졸업하고 카피라이터를 거쳐 광고사 사장 자리에 올랐다. 1980년『죽은 자의 목령』을 자비 출판했는데 이 작품이 화제가 되며 전업 작가가 되었다.「명탐정 아사미 미쓰히코」시리즈,「오카베 가즈오 형사」시리즈,「시나노의 콜롬보」시리즈를 거느린 인기 작가로 2008년 제11회 일본 미스터리 문학 대상을 받았다.

S.S. 밴 다인 S.S. Van Dine, Willard Huntington Wright

1888년 미국 버지니아주 샬로츠빌에서 태어났고 1929년에 영면했다. 하버드대학을 졸업하고 예술 평론가와 편집자로 일했으나 35세에 신경 쇠약증에 걸려 학술서를 읽지 못하게 되자 2천여 권의 추리 소설을 읽고 『벤슨 살인 사건』을 출간해 데뷔했다. 「파일로 반스 미스터리」 시리즈를 비롯해 『카나리아 살인 사건』, 『드래건 살인 사건』, 『완전범죄』 등이 있다.

애거사 크리스티 Agatha Christie

1890년 영국 데번에서 태어났고 1976년에 영면했다. 미스터리를 즐겨 읽다가 1916년 『스타일즈 저택의 수수께끼』를 쓰고 1920년에 출간했다. 평생 장편 66권, 단편집 20권을 발표해 '추리 소설의 여왕'이라 불리고 있다.

엘러리 퀸 Ellery Queen

사촌 형제인 만프레드 리(Manfred Bennington Lee, 1905~1971)와 프레더릭 다네이(Frederic Dannay, 1905~1982)의 필명이다. 뉴욕 브루클린 출신으로 광고사와 영화사에서 일하던 둘은 밴 다인의 성공에 자극받아 소설을 쓰기 시작했다. 1929년 『로마 모자 미스터리』로 데뷔하고 이후 『Y의 비극』, 『그리스 관 미스터리』, 『이집트 십자가 미스터리』, 『X의 비극』, 『재앙의 거리』, 『열흘간의 불가사의』 등 명작을 발표했다.

윌리엄 L. 데안드리아 William L. DeAndrea

1952년 뉴욕주 포트체스터에서 태어나고 1996년에 영면했다. 시러큐스대학을 졸업하고 신문사에서 일했다. 1978년 『시청률 살인』으로 미국 추리작가 협회 최우수 신인상, 최우수상을 나란히 받으며 신예의 탄생을 알렸다.

도로시 L. 세이어스 Dorothy L. Sayers

1893년 영국 옥스퍼드에서 태어났고 1957년에 영면했다. 영국의 소설가이자 시인, 극작가, 기독교 사상가, 문학비평가, 에세이스트로 옥스퍼드에서 최초로 학위를 받은 여성 중 하나이다. 졸업 후 출판사와 광고사에서 근무했다. 소설 『시체는 누구?』뿐만 아니라 종교 서적, 페미니즘 에세이 등을 발표했고 단테의 『신곡』을 번역하기도 했다.

로널드 녹스 Ronald Arbuthnott Knox
영국 가톨릭교회의 주교. 영국 미스터리 황금기를 이끈 인물이다. 첫 장편 『철교 살인 사건』을 비롯해 보험조사원 '마일스 브레던'을 주인공으로 내세운 장편 소설 시리즈를 발표했다.

아서 코난 도일 Arthur Conan Doyle
1859년 스코틀랜드 에든버러에서 태어났고 1930년에 영면했다. 셜록 홈스를 탄생시킨 소설가. 에든버러대학에서 의학을 전공하고 선박회사에서 근무하다가 개업했으나 환자가 없어 소설을 쓰기 시작했다. 1887년 셜록 홈스가 처음 등장하는 『주홍색 연구』를 발표하고 1890년 『네 사람의 서명』이 인기를 얻자 전업 작가의 길을 걸어 시리즈 합계 60편의 작품을 발표했다.

펠럼 그렌빌 우드하우스 Pelham Grenville Wodehouse
1881년 영국 서리에서 태어났고 1975년에 영면했다. 식민지 행정 장관의 아들로 태어나 잠시 홍콩에서 살았으나 가세가 기운 뒤로는 학업을 중단하고 은행에 다니며 퇴근 후 글쓰기에 몰두했다. 1902년 데뷔작 『상금을 노린 선수들』로 데뷔한 이래 93세로 세상을 떠날 때까지 90권의 단행본, 40편의 희곡을 남겼다. 1975년 대영제국훈장을 받기도 했다.

나카야마 시치리의 작품

『안녕, 드뷔시』, 『잘 자요, 라흐마니노프』, 『안녕, 드뷔시 전주곡』 『합창 미사키 요스케의 귀환』(이상 미사키 요스케 시리즈), 『속죄의 소나타』(미코시바 레이지 시리즈), 『히포크라테스 선서』(히포크라테스 선서 시리즈), 『비웃는 숙녀』(숙녀 시리즈), 『보호받지 못한 사람들』(미야기 현경 시리즈), 『연쇄 살인마 개구리 남자』, 『시즈카 할머니에게 맡겨 줘』, 『특수 청소부』, 『테미스의 검』, 『왈츠를 추자』, 『인면창 탐정』, 『살인마 잭의 고백』, 『작가 형사 부스지마』, 『시즈카 할머니와 휠체어 탐정』, 『연쇄 살인마 개구리 남자의 귀환』, 『마녀가 되살아난다(미발간)』, 『감정인 우지이에 교타로(미발간)』, 『축제의 사형집행인(미발간)』

합리적인 미스터리를 쓰는 법

1판 1쇄 인쇄 2025년 5월 19일
1판 1쇄 발행 2025년 5월 28일

지은이 나카야마 시치리
옮긴이 민경욱

발행인 양원석
편집장 김건희
디자인 엄혜리
영업마케팅 조아라, 박소정, 이서우, 김유진, 원하경

펴낸 곳 ㈜알에이치코리아
주소 서울시 금천구 가산디지털2로 53, 20층 (가산동, 한라시그마밸리)
편집문의 02-6443-8902 **도서문의** 02-6443-8800
홈페이지 http://rhk.co.kr
등록 2004년 1월 15일 제2-3726호

ISBN 978-89-255-7360-1 (03600)

※ 이 책은 ㈜알에이치코리아가 저작권자와의 계약에 따라 발행한 것이므로
  본사의 서면 허락 없이는 어떠한 형태나 수단으로도 이 책의 내용을 이용하지 못합니다.
※ 잘못된 책은 구입하신 서점에서 바꾸어 드립니다.
※ 책값은 뒤표지에 있습니다.